AF356989

MICHEL CORDAY

Anatole France

D'APRÈS SES CONFIDENCES
ET SES SOUVENIRS

*Édition illustrée de 15 reproductions dans le texte
et 16 hors texte*

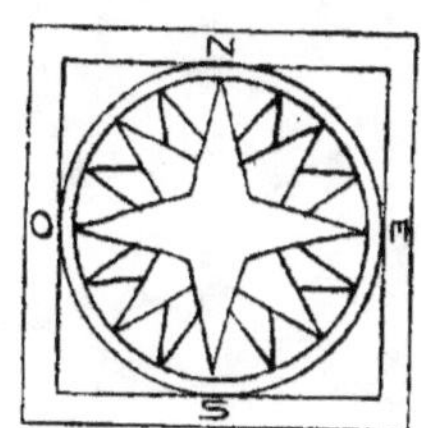

ANDRÉ DELPEUCH
LIBRAIRE-ÉDITEUR
51, Rue de Babylone, 51, PARIS-VI⁰

1928

Anatole France

D'APRÈS SES CONFIDENCES

ET SES SOUVENIRS

DU MÊME AUTEUR

EN TRICOGNE, UN AN CHEZ LES TRICONS, roman.

LES CŒURS DÉVASTÉS, roman d'après-guerre.

LES « HAUTS FOURNEAUX » (Le journal de la Huronne, I).

LA HOUILLE ROUGE (Le journal de la Huronne, II).

VÉNUS OU LES DEUX RISQUES, roman.

LE CHARME, roman.

LES FEUX DU COUCHANT, roman

LES EMBRASÉS, roman.

SÉSAME OU LA MATERNITÉ CONSENTIE, roman.

LES FRÈRES JOLIDAN, roman.

LES DEMI-FOUS, roman.

LA MÉMOIRE DU CŒUR, roman.

MARIAGE DE DEMAIN, roman.

LES RÉVÉLÉES, roman.

CONFESSION D'UN ENFANT DU SIÈGE, roman.

MARIÉS JEUNES, roman.

L'AMOUR OPPRIMÉ, roman.

LES MAINS PROPRES. (Essai d'éducation sans dogme.)

MON PETIT MARI, MA PETITE FEMME, scènes de la vie conjugale.

MONSIEUR, MADAME ET L'AUTO, scènes de la vie automobile.

DES HISTOIRES.

Anatole France en 1921.

Photographie prise par Gabriel Voisin.

MICHEL CORDAY

Anatole France

D'APRÈS SES CONFIDENCES
ET SES SOUVENIRS

*Édition illustrée de 15 reproductions dans le texte
et 16 hors texte*

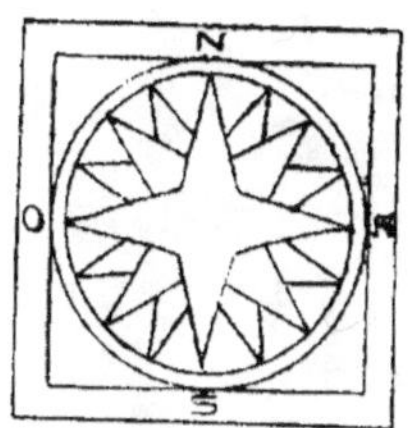

ANDRÉ DELPEUCH
LIBRAIRE-ÉDITEUR
51, Rue de Babylone, 51, PARIS-VI°

—

1928

A toi, mon cher Lucien, au nom de la tendresse que j'avais vouée à ton grand-père Anatole France et que j'ai été si heureux de reporter sur toi.

M. C.

ENFANCE ET JEUNESSE

C'est un fait bien frappant que, cent cinquante ans après la mort d'un Diderot, d'un Voltaire, d'un Rousseau, nous restions avides des moindres détails de leur vie, que nous déplorions les lacunes, les obscurités, les apparentes contradictions de leurs biographies.

Aussi, à mon sens, quiconque eut le bonheur de connaître un homme de cette envergure a le devoir de fixer son témoignage, de lui donner la forme durable du livre, ne fût-ce qu'en vue de l'avenir.

J'ai vécu dans l'intimité d'Anatole France pendant les douze dernières années de sa vie, où il m'a prodigué les marques de sa confiance et de sa bonté, où je lui avais voué une tendresse filiale. Je dirai donc ce que je sais de lui, par lui.

Par lui. J'insiste sur ces deux mots. En effet, en feuilletant les sept cahiers où, de 1912 à 1924, j'ai tenu une sorte de mémorial de sa vie, je me suis aperçu qu'un grand nombre de ses propos apportaient des précisions et des détails sur son passé, sur ses livres, ses actes, ses opinions, bref des témoignages directs.

Ah! Certes, il n'aimait guère parler de lui. Il vivait, autant que possible, « éloigné de lui-même ». J'y reviendrai en parlant de sa singulière modestie. Mais il ne résistait pas au plaisir de faire plaisir. Ce fut la clef de son existence. Et comme il savait que je me documentais, que j'aimerais écrire sur sa vie, il répondait à mes questions. Sans enthousiasme, à vrai dire, mais aussi sans impatience. Et puis, je le soupçonne aussi d'avoir laissé tomber devant moi des confidences, pour me permettre de glaner.

Ce sont donc surtout des témoignages d'Anatole France sur lui-même que je me propose de publier, sans apprêts ni retouches, le plus simplement. Je ne serai guidé dans leur choix que par le souci de rester fidèle à son amitié, c'est-à-dire de respecter à la fois sa mémoire et la vérité.

*\
* *

Je dirai d'abord ce que je sais par Anatole France de son enfance et de sa jeunesse.

Et, tout de suite, je suis amené à montrer par un exemple comment il cédait aux confidences par bonté : c'est pour obliger un de mes confrères et moi-même qu'il me donna une partie des précisions que j'ai réunies sur ses jeunes années. Voici dans quelles circonstances.

Au début de 1921, Paul Reboux eut l'ingénieuse idée de reconstituer, pour une conférence, la jeunesse d'Anatole France d'après ses livres.

On sait que, dans *Le Livre de mon ami*, *Pierre Nozière*, *Le Petit Pierre*, Anatole France s'est inspiré de ses propres souvenirs. Le

Petit Pierre, c'est bien lui. Il a même donné à quelques-uns de ses amis, afin de l'encarter dans leur exemplaire du *Petit Pierre*, une reproduction de son portrait à six ans, une miniature dont l'original est à la Bibliothèque Nationale : par là, il identifiait le Petit Pierre et lui-même. Et dans la postface de *La Vie en Fleur*, qui fait suite au *Petit Pierre*, il a déclaré que ces souvenirs étaient vrais « en ce qui concerne les faits principaux, les caractères et les mœurs ».

Mais il ajoutait, dans cette même postface, qu'il avait dû, pour des raisons de convenance, changer le nom et la condition de la plupart des personnages. Il y avait donc, tout de même, dans ces récits, une part de fable qu'il importait de démêler.

J'offris alors à Paul Reboux de soumettre son texte, avant sa conférence, au contrôle d'Anatole France, qui pourrait marquer le vrai et le faux, tour à tour approuver et rectifier, reconnaître l'authenticité de tels passages, redresser ailleurs les erreurs volontaires de la fiction, et combler au besoin les lacunes.

Une occasion s'offrait : sous peu, nous devions accompagner Anatole France dans le
Midi, par la route, à petites journées. Chaque
soir, au gîte, je pourrais lui lire quelques pages
de la conférence.

Naturellement, Anatole France consentit
tout de suite : il s'agissait de faire plaisir.
Mais il était assez fatigué en quittant Paris.
Aussi je ne lui rappelai sa promesse ni à Auxerre
ni à Chalon-sur-Saône, les deux premières
étapes. A la troisième, à Bourgoin, dans l'Isère,
il se sentait mieux; mais nous étions au cœur
de l'hiver et je craignais qu'il n'eût froid à la
veillée.

Je ne sortis les premiers feuillets qu'à
l'étape suivante, à Montélimar, où pointait
l'heureuse influence du Midi. Notre besogne
fit de grands progrès à Aix-en-Provence, où
Anatole France s'épanouit, dans l'enchan-
tement de retrouver sa chère Bibliothèque
Méjanes, les prodigieuses tapisseries d'après
Natoire et surtout, au Musée, certain tableau
d'Ingres, une œuvre de jeunesse, qu'il ne cessait pas d'admirer. Il acheva de très belle hu-

meur cette révision à Fréjus, dans l'aimable décor d'un petit hôtel tout laqué, tout fleuri.

Je donnerai ces commentaires dans l'ordre où je les ai recueillis. Ils seront entremêlés de souvenirs analogues, qu'Anatole France évoqua devant moi en cent autres occasions. On y trouvera, notamment, les réflexions que lui suggéra *La Vie en Fleur*, qui ne parut qu'un an après ce voyage dans le Midi.

Tous ses admirateurs connaissent ses quatre livres de souvenirs. Ils pourront donc appliquer ces commentaires à ces ouvrages et reconstituer ainsi, d'après l'enfance du Petit Pierre, celle d'Anatole France.

*
* *

La première mise au point concerne son nom. Anatole France s'appelait bien, d'après les registres de l'état civil, François-Anatole Thibault. *Mais il l'a ignoré jusqu'à quatorze ans.*

— A l'école, au collège, on ne m'a jamais

appelé le petit Thibault. J'étais le petit France. Je ne savais même pas que j'avais un autre nom. Quand j'avais des prix, ce qui ne m'arrivait pas souvent, c'était au nom de France. J'ai appris que je m'appelais Thibault, à propos de je ne sais plus quelle question d'économat, à Stanislas. J'avais quatorze ans.

« Mon père se nommait en réalité François-Noël Thibault. Mais il était originaire de l'Anjou, où l'on emploie volontiers France pour François. Aussi n'était-il connu dans son pays natal que sous le nom de France. Il est possible aussi que, par surcroît, une confusion se soit produite entre son nom et son prénom : cela arrive fréquemment lorsque le nom lui-même, comme Thibault, est un prénom.

« Bref, c'est sous ce nom de France qu'il s'établit libraire à Paris. Ses clients ne l'appelaient que monsieur France. Ses en-tête de lettres, les factures de sa librairie, les livres même qu'il a édités, sont au nom de France, libraire.

« J'ai sur mon bureau sa loupe de libraire. Elle est enfermée dans une gaine de cuir où sont frappées ses initiales. Ce sont celles de Noël France : N. F.

« J'ai donc simplement continué de porter le nom que l'on donnait à mon père. »

A propos du nom d'Anatole France, j'ajouterai encore un souvenir.

Le nom de Thibault lui était si peu familier, il l'avait si rarement employé, que je l'ai entendu demander, à la fin de sa longue vie, un jour qu'il rédigeait un document officiel :

— Thibault, est-ce que cela prend une L?

*
* *

Sur les maisons de son enfance, Anatole France m'a donné des précisions à diverses reprises. En particulier quand nous passions en voiture quai Malaquais, à l'occasion d'une promenade ou d'un voyage.

— C'est bien au 19 du quai Malaquais que je suis né. Mais je n'y suis pas resté longtemps. Au bout de six semaines, nous avons été, ma mère et moi, transportés au numéro 15 de ce même quai Malaquais, où mon père était en train de s'installer au moment de ma naissance. Auparavant, il avait été libraire place de l'Oratoire-du-Louvre.

« La maison du 15, qui touche l'hôtel de Chimay, a été convertie en bureaux des Beaux-Arts. Mais la façade n'a pas changé.

« La maison du 9 quai Voltaire, où nous avons habité ensuite et où s'est écoulée presque toute mon adolescence, est également intacte dans l'ensemble. Mais la boutique de mon père a été complètement transformée. Elle est occupée aujourd'hui par le décorateur Buvelot.

« Je ne suis jamais rentré dans aucune de ces trois maisons. »

*
* *

Sa première enfance est en quelque sorte dominée par une impression qu'on retrouve en trois endroits de ses livres de souvenirs. C'est une hantise, qui s'est imposée à lui vers quatre ans et qui l'a longtemps poursuivi.

Le soir, avant de s'endormir, il croyait voir défiler autour de lui de petits personnages difformes, bossus, tordus, le nez fleuri de verrues et chaussé d'énormes lunettes rondes. Ils étaient armés de broches, casseroles, scies, trompettes, guitares, tambours de basque, béquilles, seringues et balais. Sans épaisseur appréciable, ils se coulaient le long du mur et ne paraissaient pas le voir.

Il se rendit compte, beaucoup plus tard, qu'il avait dû regarder, pendant la journée, des dessins de Jacques Callot que Mme Letord, marchande d'estampes, étalait sur la palissade du terrain vague où s'élève aujourd'hui l'Ecole des Beaux-Arts.

Cette impression s'était profondément gravée dans sa mémoire. Le temps ne l'altérait pas. Un jour, à la fin de sa vie, on évoquait devant lui sa réception à la Maison des Etudiants, en 1910. Dix orateurs l'avaient célébré. Paul Hervieu, qui exerçait alors une juste influence sur les Lettres françaises, mais dont l'extérieur était malheureusement glacial, avait triomphé de sa froideur naturelle et prononcé le discours le plus chaleureux. Il avait déclaré que Rabelais, Montaigne, Ra-

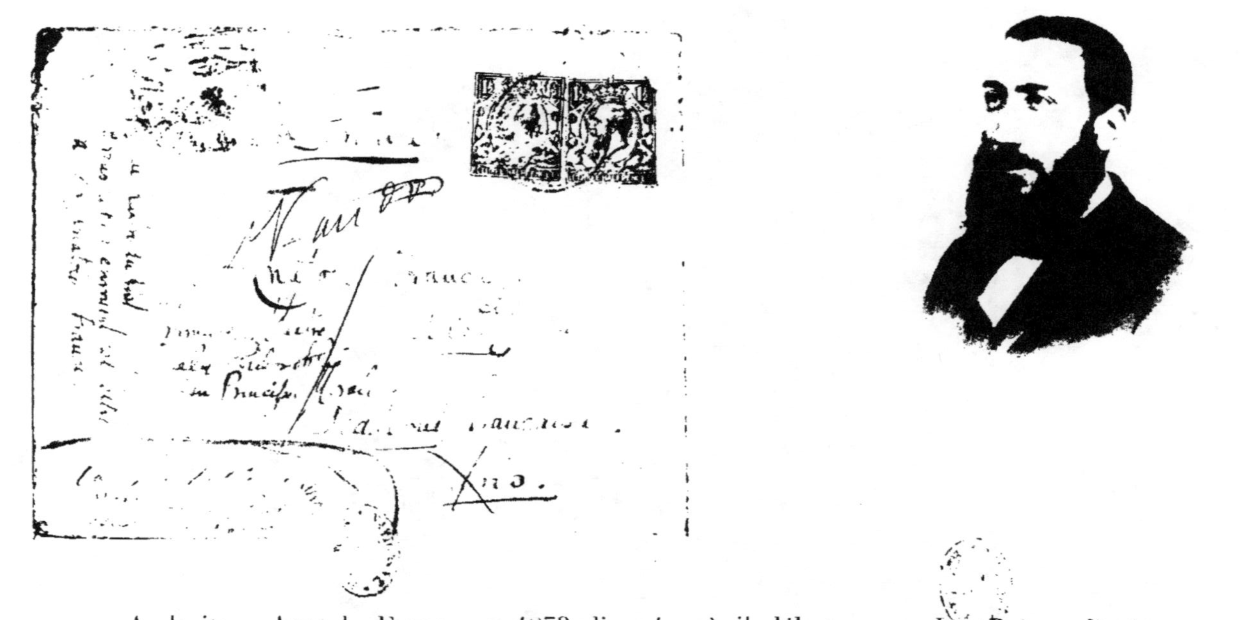

A droite : Anatole France en 1873, l'année où il débuta avec *Les Poëmes Dorés*.
A gauche : cinquante ans plus tard,
l'enveloppe d'une lettre d'Australie, simplement adressée au « Maître de la Philosophie ».

cine, Voltaire, s'étaient penchés sur le berceau d'Anatole France. Et celui-ci d'interrompre l'évocation de cette fête :

— Mais non, mais non. Il n'y avait pas tant de gens autour de mon lit d'enfant. Il n'y avait que les petits bonshommes de Callot, que Mme Letord exposait sur le quai Malaquais et qui me rendaient visite toutes les nuits. Je me rappelle que le dernier, qui était aussi le plus petit, enfilait un soufflet dans le derrière du précédent. Heureusement, ils se présentaient tous de profil. Et cela me rassurait, car j'étais certain qu'ils ne se tourneraient pas vers moi et que le gnome au soufflet ne pourrait pas m'infliger le même supplice qu'à son camarade.

*
* *

A cette époque de la petite enfance, qu'il appelle dans des livres les *temps primitifs*, Anatole France, pour échapper à l'ennui dans sa couchette, se donnait la comédie. Ses cinq doigts devenaient cinq acteurs. Ils jouaient des pièces extrêmement variées, mais toujours héroïques. Le caractère de ces petits acteurs ne variait jamais. Du pouce au petit doigt, c'était l'ivrogne Rappart, le généreux Mitoufle, l'élégant Dunois, la vertueuse Blanche de Castille et l'innocent Jeannot.

Il avait gardé, dans l'âge mûr et jusque dans la vieillesse, cette habitude de se divertir, en attendant le sommeil, en compagnie de personnages de son invention. Mais ils n'étaient plus figurés par ses doigts. Il imaginait qu'il les tirait d'une boîte. Et des entretiens philosophiques remplaçaient les comédies shakspeariennes.

— Il y a, disait-il, un inventeur, un peintre, un explorateur, un marchand de tableaux et un paysan. Quand l'un d'eux n'a plus rien à dire, parce que ma science est épuisée, il s'en va, tout simplement. Pas de femme, oh! non, pas de femme dans cette compagnie. Ou alors une très vieille dame.

*
* *

C'est en ces temps primitifs qu'éclata la Révolution de 1848. Anatole France avait quatre ans à peine. Aussi les souvenirs qu'il en rapporte dans ses livres sont-ils épars et nébuleux. Encore ajoute-t-il que sa mère les lui a maintes fois rafraîchis.

Mais il m'a conté, sur la Révolution de 48, un trait qui ne figure pas dans *Le Petit Pierre*, bien qu'il en soit digne.

— Au moment de la Révolution de 1848, mon père était libraire, quai Malaquais. La monnaie devint très rare. C'est sans doute un signe des temps troublés. Et j'avais remarqué, bien que je n'eusse que quatre ans, que le tiroir destiné aux petits fonds de la librairie était souvent vide. Cela m'avait frappé. Aussi, à quelque temps de là, les troubles une fois apaisés, quand ma chère maman me demanda ce que c'était qu'une Révolution, je lui répondis : « C'est quand il n'y a plus rien dans le *tivoir*. » Je ne croyais pas si bien dire. Les révolutions éclatent, en effet, quand il n'y a plus rien dans le tiroir.

* *
*

Anatole France rappelait volontiers un autre souvenir de sa petite enfance, qui ne figure pas non plus dans ses livres.

Son père employait, à la librairie, un homme de peine espagnol qui s'enivrait d'habitude mais qui rentra, un jour, plus éméché que de coutume. Le petit France avait laissé sur une chaise un de ses jouets, un moulin mécanique enfermé dans une boîte à couvercle de verre. L'Espagnol, qui ne tenait plus debout, s'assit sur la boîte et l'écrasa, heureusement sans dommage pour sa propre base.

Chose curieuse, l'enfant, au lieu de déplorer la perte de son jouet, goûta la bouffonnerie de la scène. En contant ce souvenir, Anatole France ajoutait :

— Ce fut pour moi un de ces moments de pleine joie, de gaîté pure, qui seuls valent que la vie soit vécue. Car le reste, la gloire, l'amour, tout cela ne réussit jamais complètement.

Il était singulièrement sensible au comique de la franche ivresse. Les histoires de bons pochards l'enchantaient. A la Béchellerie, il avait eu d'abord un fermier ivrogne. Un jour que cet homme rentrait du marché, plein comme une outre, sa voiture se rompit sur la route sans qu'il s'en aperçût.

— A chaque instant, des messagers affairés nous apportaient des nouvelles, dans l'espoir d'être récompensés par un verre de vin. L'un avait rencontré le cheval attelé aux deux premières roues. Un autre avait découvert l'homme endormi sur la chaussée. Un troisième avait retrouvé les roues d'arrière. Et cela dans le décor de la salle de ferme, sous la grande cheminée. C'était beau comme l'antique. Ou comme les *Antibel*, de Pouvillon.

*
* *

En ces temps primitifs, le petit France, tout comme le petit Pierre, aimait des animaux familiers dont il admirait la sagesse.

S'il eut des démêlés avec le perroquet Navarin, s'il poursuivit vainement jusque dans les gouttières le perroquet Jacquot, il se plaisait dans la compagnie du bel angora Sultan Mahmoud et surtout d'un petit chien spirituel et sans race, né le même jour que lui.

Dans ses Souvenirs, Anatole France l'appelle Caire. Il raconte que ce chien était fécond en friponneries et qu'il avait débauché Zerbin, l'honnête et bon Zerbin, le caniche du voisin, le libraire-éditeur Caumont.

— Mais la vérité, rectifiait Anatole France, la vérité était plus drôle. D'abord ce chien Caire était en réalité une chienne, appelée Flora. Ainsi s'explique d'une façon plus naturelle l'attachement que mon petit chien avait inspiré au caniche Zerbin.

« Et puis ce caniche Zerbin appartenait, non pas au libraire Caumont, mais au comte de Labédoyère. En fait, la chienne populaire avait débauché le chien aristocratique. Quelle revanche! Quel symbole! »

*
* *

De même, les jeux de sa première enfance furent bien les jeux du Petit Pierre. Vers huit ans, il devait devenir « un petit garçon garçonnant », épris de mouvement et de tapage, un petit garçon qui se ruait dans le couloir, de la cuisine à la salle à manger, claquant du fouet, agitant ses grelots, s'imaginant être tout ensemble le postillon, les chevaux et la diligence.

Mais, jusqu'à cet âge-là, il était resté très paisible. Le jeu de l'oie lui donnait l'illusion de l'aventure et du voyage. Le dessin lui procurait des joies profondes et de hautes fiertés. Et ses plus chères compagnes étaient bien, comme il l'a écrit, sa vieille Bible en estampes et son arche de Noé.

Avait-il vraiment, comme le Petit Pierre, substitué un jour cette arche de Noé au civet qui mijotait sur le fourneau ? Et cela pour émerveiller sa bonne Mélanie qui, au lieu d'un simple lièvre, découvrirait dans sa casserole

ÉTUDES SUR L'ANARCHIE CONTEMPORAINE.

LE COMMUNISME

ET

LA JEUNE—ALLEMAGNE

EN SUISSE

Par Amédée HENNEQUIN.

PARIS

CHEZ FRANCE, LIBRAIRE

QUAI MALAQUAIS, 15

1850

Couverture d'un livre édité par le père d'Anatole France.
On voit que le libraire portait déjà le nom de France.

un lion, un âne, un éléphant et tous les animaux échappés du Déluge? Hélas! il avait
réellement commis ce méfait. Et, soixante-dix
ans après, il plaidait encore les circonstances
atténuantes :

— Je croyais vraiment que cela cuirait.

*
* *

Ils ont existé, tous ces figurants de l'enfance du Petit Pierre : la marchande de lunettes, la marchande d'estampes, les antiquaires, les bouquinistes, l'armurier ancien
qui fourbissait des rapières, serrées dans son
étau. Tous ont animé le beau décor du quai
Malaquais, où régnait alors « une familiarité
des êtres et des choses, une grâce intime, une
douceur de vivre »!

Toutes ces figures ont bien peuplé les premières années d'Anatole France. C'est devant
ces éventaires qu'il a musé, qu'il a appris la
vie « à l'école de la rue ».

Dans ses livres, il a même laissé parfois à
ces témoins de son enfance leur nom véritable.

Il a gardé le nom de certains voisins, comme le libraire Caumont, celui de l'abbé Trévoux, fervent bibliophile. Il a gardé le nom de M. Debas, ce bouquiniste qui, par amour du prochain, aidait tout le quartier à toutes les besognes et faisait ainsi tous les métiers, sauf le sien.

Le tailleur qui coupait ses vestes et ses culottes courtes s'appelait bien Augris. Et si, dans ces vêtements, le petit France « avait l'air d'un singe », c'est que sa maman, par bonté d'âme et par économie, s'adressait à des tailleurs plus besogneux qu'habiles. Il tint de l'un d'eux une tunique si disgracieuse qu'elle l'exposa à des vexations sans nombre. Et, malheureusement, elle était inusable.

Elles sont exactes, ses peintures des habitants de sa maison et de leurs logis. Car le petit garçon pénétrait dans toutes les demeures, des plus somptueuses aux plus humbles, soit qu'il y fût accueilli, soit qu'il s'y glissât, par surprise et curiosité, sur les pas du concierge.

Elles sont véridiques, ces figures de servantes vers qui se portait d'instinct sa ten-

dresse d'enfant, parce qu'elles étaient innocentes et simples comme lui : la jeune et rude
Justine, qui laissait des barbes de ses plu-
meaux aux bronzes du salon ; la vieille Mélanie,
qui l'emmenait en promenade jusqu'aux confins du monde connu, aux mystérieuses Tui-
leries, au désert du Trocadéro, au paradis terrestre du Jardin des Plantes.

Et il est exact aussi qu'à ce moment de sa
petite vie il croisa dans l'escalier la tragédienne
Rachel, qu'elle prononça quelques mots de sa
voix sans pareille, « abaissa vers lui ses grands
yeux ardents et noirs » et lui posa sur la tête
sa petite main gantée de blanc.

*
* *

Parmi ces personnages qui peuplèrent son
enfance, ses institutrices méritent une place
particulière.

Sa mère lui avait inculqué les rudiments de
la lecture, de l'écriture et du calcul. Afin de
lui éviter l'école enfantine, ses parents décidèrent de l'instruire quelque temps encore au

logis. On le confia donc aux soins d'une institutrice, chargée de lui apprendre la grammaire et spécialement les participes, dont la « chère maman » avait gardé la défiance et la terreur.

Mais quel étrange professeur on lui donna... Cette blonde institutrice avait des yeux de violette et sentait l'héliotrope. Elle ordonnait à son élève de lire une fable et, pendant toute l'heure de la leçon, souriant de temps à autre au plafond en mordillant son porte-plume, elle écrivait des lettres d'amour. Elle ignorait l'enfant, tout comme s'il n'avait pas existé. Quant à lui, il s'abîmait dans la contemplation extatique, dans l'adoration de cette merveilleuse beauté. Ainsi, à huit ans, il connut l'amour désintéressé, sans espoir ni retour, en un mot l'amour au sens divin.

Dans *Le Petit Pierre*, cette institutrice s'appelle Mlle Mérelle. Elle rejoint au bord du lac de Côme le jeune Villeragues, qui la fait épouser par son oncle Monsaigle. Dans la réalité, Mlle Mérelle s'appelait Mlle Lafont et devint une Mme de Turenne.

Anatole France eut une autre institutrice. Elle n'était pas moins exceptionnelle. Il me l'apprit par hasard. Je lisais devant lui à la Béchellerie *Les Causes célèbres*, où sont relatées les affaires criminelles les plus retentissantes du XIXe siècle.

Incidemment, je citai le cas de Mlle Doudet, une institutrice accusée d'avoir martyrisé de petites Anglaises confiées à ses soins. Anatole France m'apprit alors qu'elle lui avait donné des leçons.

— Elle fut acquittée. Mais, après le procès, les portes se fermèrent devant elle. Mon père, qui était généreux et chevaleresque, la croyait injustement poursuivie et voulut lui venir en aide. Il lui offrit de me donner des leçons. Je ne peux pas dire qu'elle m'ait martyrisé comme les petites Anglaises. Mais elle était hypocrite. Devant mes parents, elle disait en parlant de moi : « C'est un charmant enfant. » Et quand nous étions seuls, sèchement : « Assieds-toi. Prends ton livre. Tais-toi. Reste tranquille. »

*
* *

Anatole France nous a également laissé des portraits ressemblants de ses proches. A peine en a-t-il modifié quelques traits extérieurs, sans altérer leur caractère ni leur physionomie.

Dans cette postface de *La Vie en Fleur* dont j'ai déjà parlé, il signale et il justifie ces retouches légères. Par exemple, il a dû travestir son père en médecin parce que ses parents vivaient encore lorsqu'il publia *Le Livre de mon ami*. Il avait voulu ménager leur modestie : « N'ayant que des actions de grâces à leur rendre, pour les leur faire agréer me fallait-il encore les leur offrir voilées. »

Et c'est vrai que, jusqu'à sa mort, il a rendu des actions de grâces à leur mémoire. Ils revenaient souvent dans ses entretiens. Et rien n'était plus touchant que d'entendre ce grand vieillard, à près de quatre-vingts ans, parler de sa « chère maman ».

Chose curieuse, le vivant souvenir qu'il gardait de son père l'a mis indirectement sur le chemin de cette Béchellerie où il devait passer

Incipe, parve puer, risu cognoscere matrem.

Ma mère m'a souvent rapporté diverses circonstances de ma naissance
qui ne m'ont pas paru aussi considérables qu'elle
l'imaginait, je figurais. Je n'y ai guère pris garde. Les mœurs de ce temps,
dans la petite bourgeoisie, tenaient encore à l'ancien régime
de l'ancienne France. On voisinait alors dans le
faubourg saint Germain presque autant que dans les petites villes
de province. Trois ou quatre bonnes femmes du quartier,
madame Dupuel, madame Morin femme d'un
libraire du palais bourbon, venues pour donner leurs soins à
ma mère caquetaient et buvaient du vin chaud pendant que
ma mère ressentait les grandes douleurs.
Madame Caumont disait, en faisant sucrer son vin :
— Criez, madame Nozière, criez tout votre saoul : cela vous fera
du bien.
Madame Dupuel, ne sachant où mettre sa fille Alphonsine, âgée
de douze ans, l'avait amené dans la chambre d'où elle la faisait

Début du Petit Pierre.

les dix dernières années de sa vie. Voici comment.

Dans les premiers mois de 1914, Anatole France avait quitté la Villa Saïd sans esprit de retour. Il avait acheté une maison avenue de Paris, à Versailles. Mais le bruit des trains et des autos l'empêchait de travailler. Il résolut de s'éloigner encore. C'est alors que le hasard mit sous ses yeux l'annonce de la mise en vente du château des Rosiers, près de Saumur.

Or, son père lui avait souvent parlé des Rosiers, un gros bourg voisin de Luigné, son village natal. Et il se mit aussitôt en route, séduit par la pensée d'acheter le château des Rosiers en souvenir de son père.

Mais, aux Rosiers, le notaire et l'hôtelier ignoraient absolument l'existence d'un château à vendre. Evidemment, il avait dû se produire une confusion, une erreur de nom. Le mystère n'a jamais été éclairci. Quoi qu'il en soit, Anatole France, conduit ainsi à chercher un logis dans la vallée de la Loire, acquérait bientôt la Béchellerie, qu'on lui

1. La loupe du père d'Anatole France, dont ce dernier s'est toujours servi. La gaine est frappée aux initiales de Noël France.

2. Almanach ayant appartenu à Mme de Caillavet et dont Anatole France avait dressé la fiche de bibliothèque.

3. L'encrier d'Anatole France lorsqu'il écrivit *La Révolte des Anges* et *Le Petit Pierre*.

proposait dans la région. J'insiste sur ce point que ce voyage et cet achat se placent avant la guerre.

Certes, Anatole France était resté très filial. Ce qu'il admirait surtout chez son père, c'était une vie toute de labeur. Elle représentait, en effet, un effort énorme.

François-Noël Thibault était le plus jeune des quatre enfants d'un cordonnier établi au village de Luigné, en Anjou. De douze à vingt ans, il avait été garçon de ferme chez Mme Samson, à Lignières, aux environs. A cette époque, il ne savait pas écrire son nom. Il signait d'une croix. Il s'était engagé en 1826, comme soldat de la garde royale. Et il avait appris à lire et à écrire au régiment, par ses propres moyens.

Anatole France savait par son père que la tâche était ardue.

— Mon père étudiait même à la chambrée, le soir, racontait-il. Ses camarades disaient : « Il couche avec sa grammaire. » Puis, par un mauvais jeu de mots : « avec sa grand'-mère ». Et d'autres soldats, qui n'étaient pas

au courant de la plaisanterie, la prenaient à
la lettre et lui marquaient de la réprobation,
le regardaient d'un mauvais œil.

Mais, devenu libraire parisien, il prit l'allure et le tour d'esprit de son époque.

— Il était légitimiste et spiritualiste, romantique et mélancolique. Il avait sept tours
à sa cravate. Il était soigneusement coiffé
en coup de vent. A la fin de sa vie, il consentit
à mettre une casquette, mais elle avait encore
quelque chose d'héroïque.

Cependant Anatole France n'avait pas
adopté les opinions paternelles. Tout au contraire. Il a convenu que son esprit s'était
modelé sur celui de son père « comme cette
coupe moulée sur le sein d'une amante; il en
reproduisit en creux les plus suaves rondeurs ».

Il déclarait :

— Ses opinions décidèrent peut-être des
miennes, qui lui furent toutes opposées.

Cet antagonisme n'altérait pas les rap-
ports entre les deux hommes, ni leurs sentiments réciproques. Ils restèrent très unis.
Après la guerre de 1870, à vingt-sept ans,

Anatole France demeurait encore avec ses parents, rue de Tournon.

Cependant, lorsque le vieux libraire, en 1887, se fut retiré, à Neuilly, avenue du Roule, leurs relations se desserrèrent. Elles devinrent même assez difficiles dans une circonstance qu'Anatole France n'a pas rapportée dans ses livres.

— Au fond, mon père n'avait jamais aimé passionnément son métier. Il manquait d'esprit commercial. Il était devenu libraire par fortune. Il était mieux fait pour lire les livres que pour les vendre. Dans sa retraite, il ne se contenta pas de jouer aux boules sous les sapins de Saint-James. Il suivit les cours de Maspéro sur les antiquités d'Egypte. Il traduisit du latin. Il y découvrait même parfois des beautés qui ne s'y trouvaient pas. Enfin l'excellent homme fit des vers. Il aurait voulu les voir paraître dans *Le Temps*, où j'écrivais moi-même. Je ne parvins pas à le satisfaire et il en conçut de l'humeur. C'est un de mes grands regrets. Il est mort à quatre-vingt-huit ans.

Anatole France avait voué à la mémoire de sa mère le culte le plus tendre et le plus fidèle. Il est exact qu'il l'ait appelée à plusieurs reprises dans les souffrances de l'agonie.

Telle il l'a peinte dans ses Souvenirs d'enfance en dix portraits exquis, telle il l'évoquait dans ses propos : aimante et simple, économe et charitable, patiente et gaie, vigilante bien qu'un peu distraite. Elle était sincèrement pieuse, mais sobre de pratiques. Et elle était douée, sans le savoir, d'une imagination charmante, qui donnait autour d'elle de la couleur et de la vie à toutes choses.

Qui ne se rappelle le délicieux épisode où, désignant de son poinçon à broder une des roses du papier peint, elle dit à son petit garçon : « Je te donne cette rose »?

Anatole France avait toujours ce geste présent à l'esprit. En y faisant allusion, on était sûr de l'émouvoir et de lui plaire. Pendant son dernier voyage dans le Midi, en 1921, il fit un petit séjour à Cannes chez ses amis les Gabriel Voisin. Leur fillette, afin de lui faire bel accueil, guettait son arrivée, une rose à la main. Elle voulait répéter la phrase fameuse, mais elle n'osait pas : « J'aurais, disait-elle, l'air de le tutoyer. » Alors, déjà futée, elle prit un biais : « Monsieur France, comme vous disait votre maman : je te donne cette rose. »

Cette mère charmante avait aimé passionnément son fils, son unique enfant. Elle avait voulu le nourrir elle-même. Elle n'avait jamais cessé de l'entourer d'une tendresse qui, parfois même, devenait inquiète, ombrageuse...

— Elle avait soixante-quatorze ans quand je l'ai perdue, me disait Anatole France. Elle aurait pu vivre davantage. Elle avait une maladie d'estomac : on aurait pu la sauver. Mais mon père croyait à la vertu du vin. Bien qu'il passât, à cette époque, pour sobre dans son quartier, il buvait une bouteille de Bordeaux à chacun de ses repas. Pour soigner ma mère, il lui fit boire du vin, qui agit sur elle comme un poison.

Anatole France n'a pas esquissé, dans ses Souvenirs, le portrait de la grand'mère Dufour, la mère de sa « chère maman ». Mais il en parlait volontiers. Elle avait été fermière à Auneau, près de Chartres. Elle vécut quelque temps au foyer du libraire et mourut à la campagne, à cent ans.

— Elle avait, disait-il, un visage dantesque et un caractère faible. Et elle s'aliénait tout le monde parce que son aspect ne correspondait pas à sa nature. Elle boudait fréquemment sa fille. Et, comme elle ne se nourrissait plus que de pain et de fromage, elle les mangeait soit à table, soit sur ses genoux, soit dans sa chambre : plus elle était fâchée, plus elle s'éloignait.

Elle vivait séparée de son mari, qui l'avait ruinée. Ce grand-père Dufour était un ancien soldat de l'Empire, hâbleur et séduisant, frivole et volage. Il se vantait d'avoir parlé à Napoléon et d'avoir fait le coup de feu à Waterloo. Depuis, il avait échoué dans cent métiers louches, bien qu'il fût bon calligraphe. Il portait toujours des violettes à sa boutonnière. Il figure, dans *Le Petit Pierre*, sous les traits de l'oncle Hyacinthe. C'est aussi l'oncle

Victor dans *Sylvestre Bonnard*. Mais il y est fort embelli.

Quant à la grand'mère Nozière, la mère du docteur, qui passe dans *Le Livre de mon ami* et dont les piquants souvenirs remontent à la Révolution de 89, elle est de pure fiction.

Par contre, la tante Chausson a bien existé. Cette maigre veuve, fort avare, qui habitait Angers et qui descendait à Paris chez son frère le libraire, s'appelait réellement Chausson.

On ne peut pas quitter le cercle étroit qui entourait le petit Pierre sans nommer deux de ses familiers. Son parrain, Pierre Danquin, rond et fin derrière ses lunettes d'or et ses breloques. M. Dubois, grand vieillard sévère et gracieux. Pierre Danquin faisait de Napoléon son Dieu. M. Dubois aurait voulu vivre sous Marc-Aurèle.

Le parrain d'Anatole France, qu'il a nommé Pierre Danquin, n'était autre que Jacques Charavay, le fondateur du cabinet d'autographes dont ses fils, Etienne et Noël, ont soutenu la fortune.

M. Dubois s'appelait en réalité Du Bois du Bais. Un de ses ancêtres était conventionnel et il négligeait le titre nobiliaire qu'il aurait pu porter.

Anatole France disait :

— Ce sont les deux hommes qui ont eu le plus d'influence sur moi dans mon enfance et dans ma jeunesse.

*
* *

Mais le moment arrive où le petit France doit sortir de ce cercle familier. Il a neuf ans. C'en est fini des institutrices au logis. Il devient l'élève d'une école préparatoire au collège Stanislas, l'école Sainte-Marie. Elle s'appelle, dans *Le Petit Pierre*, l'institution Saint-Joseph.

A l'école Sainte-Marie comme à Stanislas même, il était demi-pensionnaire. Jusqu'à la fin de sa vie, Anatole France a gardé à ses parents une pieuse reconnaissance de lui avoir épargné « le bagne de l'internat ».

À Jacques Lion

Cher ami mon premier "ouvrage", un devoir d'écolier, eut aussi pour sujet Ste Radegonde. Il fut imprimé par le pédagogue Lévy-Alvarès dans un journal dont j'ai oublié le nom et lithographié par mon grand père maternel, ancien soldat de Napoléon.

Je suis tout à vous

Anatole France

Paris, le 19 juin 1913.

Dédicace écrite sur une petite monographie de sainte Radegonde, retrouvée par Jacques Lion. Je dois à ce dernier une importante partie des documents qui illustrent ce volume. Qu'il trouve ici mes affectueux remerciements.

Cependant, il ne fut point heureux pendant ses dix années scolaires. D'abord il supportait mal une discipline humiliante, des exercices insipides.

Puis sa mémoire, très particulière, le desservait :

— Ma mémoire était lente, mais sûre. Elle était à longue portée. Celle de mes camarades était rapide, mais fuyante, éphémère. J'étais nul pour les leçons. Je ne triomphais que dans les récapitulations, c'est-à-dire rarement.

Aussi, à l'entendre, il n'avait pas pu profiter de l'enseignement en commun. Il avait acquis seul les connaissances qu'il possédait. Et il résumait, dans une boutade :

— Je n'ai commencé d'apprendre que quand j'ai cessé d'étudier.

Ses maîtres lui reprochaient encore d'être étourdi, distrait, de vivre dans un rêve, de « s'occuper de choses étrangères à la classe ».

Il s'en défendait :

— Au fond, de dix à quinze ans, j'étais comme engourdi.

Peut-être un long malentendu a-t-il existé

entre ses maîtres et lui. Ils le comprenaient mal. Et il négligeait de les éclairer sur lui-même. C'est du moins ce qui semble ressortir de cette singulière petite anecdote :

— Mon père, racontait Anatole France, était en relations avec Jules Janin. C'était alors un dieu de la critique. Un jour, il m'emmena chez lui. J'étais à Stanislas. Jules Janin m'interrogea sur le collège et, pour m'être agréable, me proposa de dédier un de ses livres à celui de mes professeurs que je lui désignerais. Je lui donnai un nom. Il signa le volume que j'offris le lendemain à son destinataire. Or, ce professeur crut que je le mystifiais et m'infligea une punition...

Mais le curieux de l'histoire, c'est que le jeune Anatole France, offensé d'être à ce point méconnu, garda le silence et dédaigna même de prouver que le livre avait été vraiment signé par Jules Janin.

Cependant, il n'était pas très malheureux. Le sort lui apportait de petites compensations. Par exemple, si ses professeurs étaient injustes ou médiocres, il s'amusait de leurs travers,

au lieu de s'en indigner. C'étaient des sujets
de distraction. Dans ses Souvenirs, il a tracé
de tous ses maîtres de malicieuses caricatures.
Ainsi l'indulgente, la divine ironie l'aidait déjà
à supporter la vie.

Et puis, ses professeurs lui ont fait comprendre des beautés qu'ils ne comprenaient
pas toujours eux-mêmes. C'est là, sur ces
bancs ingrats, que lui furent révélées toute
la poésie de la légende antique, la grâce har-
monieuse d'Athènes et la grandeur de Rome.

Bien qu'il s'accommodât mal du travail
scolaire, il fut, de son propre aveu, « un bon
petit humaniste ». Dès le collège, il sentit l'aimable élégance et la fine noblesse de ce que
l'on nomme à juste titre les Belles Lettres.

Aussi n'hésita-t-il guère à ce carrefour que
l'on appelait alors la Bifurcation, où l'écolier
devait choisir entre les Sciences et les
Lettres.

Il hésita cependant. Dans *La Vie en Fleur*,
il a dit sous quelle influence. Cet épisode est
véridique. Son parrain l'avait emmené à la
conférence d'un jeune savant qui cherchait

la direction des ballons et qui conta ses travaux et ses ascensions. L'orateur fut follement acclamé. Une grande et belle femme, vêtue d'une robe verte, lui offrit une gerbe de fleurs. Ebloui, le jeune Anatole France décida de se vouer à la science en général et à la direction des ballons en particulier. Mais au bout de trois jours, son enthousiasme fléchit et il retourna « à la forêt des ombres et aux myrtes de Virgile ».

Avant de quitter ces souvenirs de collégien, notons qu'on y trouve, en même temps que de fines caricatures de professeurs, quelques silhouettes de camarades. L'un d'eux a exercé sur Anatole France une sorte de prestige, depuis l'école Sainte-Marie jusqu'à la sortie de Stanislas. Subtil et taquin, il avait le museau pointu, de l'assurance et de l'ambition. Anatole France lui prédisait un éblouissant avenir politique. Il l'appelle, dans ses livres, Fontanet.

— On a écrit, disait-il à ce propos, que Fontanet était Etienne Charavay, le fils aîné de mon parrain. Mais non, mais non. C'était un nommé Cazeaux. Je ne sais pas ce qu'il est devenu.

Le baccalauréat couronna sa vie scolaire. Anatole France s'est toujours élevé contre la légende, assez tenace, de son échec à l'épreuve orale, bien qu'il n'attachât pas plus d'importance à cette erreur qu'à l'examen lui-même.

— Mais non, disait-il, je n'ai pas été refusé. Il faut bien dire qu'à cette époque-là, le baccalauréat n'était qu'une formalité facile et simple.

A propos du baccalauréat d'Anatole France, on a conté les singulières façons d'un de ses examinateurs, qu'on appelait le père Hase. Il se montrait d'abord, envers le candidat, indulgent, bonhomme et patient. Puis il éclatait soudain, sarcastique et brutal. Si bien que le malheureux, troublé, finissait par convenir que la Seine se jetait dans le lac Ontario.

— Le père Hase, disait Anatole France, n'aimait pas le bachot. Il le jugeait imbécile. Par sa manière d'interroger, il voulait le rendre ridicule, le discréditer, l'avilir. C'était, non pas au candidat qu'il cherchait noise, mais à l'examen lui-même.

Il racontait encore :

— Au fond, tous les examinateurs étaient l'indulgence même. Après le père Hase, ce fut Caro qui m'interrogea. Il me demanda : « Avez-vous lu *La Logique de Port-Royal ?* » Je lui répondis : « Non, Monsieur. » Il parut un moment embarrassé par ma franchise, car il avait tiré la question au sort. Mais il n'insista pas et m'en posa une autre.

« En science, je fus interrogé par Sainte-Claire Deville. Je ne brillai guère en géométrie. Comme je ne sortais pas de ma démonstration, il prit le parti de me guider. Mais la matière semblait si neuve pour moi, qu'il ajouta courtoisement, lorsque nous eûmes achevé : « Laissez-moi, Monsieur, me flatter de vous avoir donné votre première leçon de géométrie. »

« Mais j'étais bon en latin. Et je fus reçu. »

*
* *

D'après une autre légende, également vivace, Anatole France, libéré du collège, serait entré à l'Ecole des Chartes. En fait, il venait simplement chercher, à l'issue des cours, son ami Etienne Charavay, le fils de son parrain.

La vérité, peu connue, c'est que, ses études achevées, il était devenu commis de librairie, chez Bossange.

— C'était, me disait-il, pour faire plaisir à mon père. Mais ça ne dura pas. Heureusement, Bossange fit faillite.

Son père, en effet, avait plutôt contrarié sa vocation littéraire. Elle s'était pourtant dessinée dès le collège. On sait qu'un certain nombre de ses compositions ont eu les honneurs d'une sorte de livre d'or et sont conservées à ce titre dans les archives de Stanislas. De 1859 à 1861, ce sont en particulier *La Légende de Gutenberg*, *La Légende de sainte Radegonde* et une *Méditation sur les ruines de*

279. Chanson sur le mariage de monseigneur le Dauphin, par Joachim Ducreux. *Vienne*, 1770, 8 pages in-8, presque entièrement, n. rogn. — L'Pompier, ou l'Jasement du Marais et d'partout, ouvrage en deux morciaux, 12 pages in-8, n. rogn.

Cette dernière pièce a été également composée pour le mariage de Louis XVI et de Marie-Antoinette. Voici un exemple des grâces naïves qui y régnent d'un bout à l'autre :

N' v'la t'y pas t'y qu'au *Dauphin*
Louis flaind'une compagne,
Qu'est, sapedie, le plus fin
De tous les bijoux d'Allemagne...
Ça fait plaisir quand on voit
Qu'la bague est faite pour le doigt.

280. Thémidore (par Godart d'Aucourt). *La Haye*, 1776, 2 part. en 1 vol. in-12, v. rac.

Ce livre, dans lequel on trouve l'histoire du président Dubois, non-conformiste, a fait mettre à la Bastille le libraire Mérigot. (*Note de l'abbé Sepher.*)

281. La Cassette verte de M. de Sartine, trouvée chez mademoiselle Du Thé. *La Haye*, 1779, in-8, br. de 71 pag.

282. Histoire d'un pou françois, ou l'Espion d'une nouvelle espèce, tant en France qu'en Angleterre. *Paris*, 1781, pet. in-8, demi-rel.

283. Mémoire justificatif de la comtesse Valois de Lamotte, écrit par elle-même. *Londres*, 1789, in-8, cart.

284. Anecdotes échappées à l'Observateur anglois et aux mémoires secrets (de Bachaumont)... pour servir de suite à ces deux ouvrages. *Londres*, 1788, 3 vol. in-12, br.

285. Les Fourmis du parc de Versailles, fable allégorique et philosophique (par Lambert de Belan). *Londres*, 1803, pet. in-8, br.

286. Le Parc aux Cerfs, ou l'Origine de l'affreux déficit. *S. l.*, 1790, in-8, avec les 4 fig. demi-rel. v. fauve, n. rogn.

Page d'un catalogue d'une vente de livres faite par France, libraire, en 1864.
Les notes de gauche, en lettres grecques, sont de la main d'Anatole France. Celles de droite sont de son père.

Palmyre. Déjà des dons d'écrivain percent dans ses devoirs d'écolier.

Mais Anatole France lui-même était sévère pour ses premières ébauches. Un jour, je m'étonnai devant lui que *La Légende de sainte Radegonde* ne figurât pas dans ses œuvres, tandis que, dans les œuvres de Victor Hugo, figurait une pièce écrite à treize ans, celle qui commence par : « Mon père, ce héros au sourire si doux. » Il me répondit :

— Bien oui, bien oui. Mais Hugo, c'était beau. Moi, ce n'était pas bon.

En le détournant de la carrière des Lettres, son père obéissait sans doute à cette timidité qui avait pesé sur sa propre vie. Il se défiait de son fils comme il s'était défié de lui-même. Tandis que sa mère assurait qu'il réussirait en tout, son père prédisait qu'il ne réussirait en rien. Mais je pense qu'il entendait par là conjurer le sort et que tout autre que lui eût été mal venu de risquer cette même prophétie.

Evidemment, il a écrit, en 1868, cette lettre dont Anatole France m'a confirmé l'authenticité :

« Mon fils n'a pas suivi mes conseils, n'a pas de position; il écrit; je devrais dire il barbouille du papier.

« Ce que je redoutais le plus depuis son enfance, par une fatalité, est arrivé.

« Je suis à bout de lutter avec lui. Aura-t-il du talent assez pour vivre? Hélas! Hélas! »

Paternelle défiance, je le répète. N'a-t-il pas lui-même fait autographier *La Légende de sainte Radegonde*, sous sa propre firme, « France, Libraire », l'année même où l'enfant écrivit sa composition? N'a-t-il pas été flatté par les premiers succès de son fils? Dix ans après sa lettre de doléance, en 1878, il écrit à l'un de ses neveux, au pays d'Anjou:

« Si tu es curieux de lire les articles de ton cousin Anatole, il s'en trouve un dans le journal *Le Temps* des 12 et 15 juin courant. »

Et, dix ans plus tard encore, nous avons vu qu'il demandera la protection de son fils pour que ce même journal *Le Temps* donne asile à ses propres vers.

En tout cas, les relations de son père et de son parrain dans le monde des lettres faci-

litèrent singulièrement les débuts littéraires
du nouveau bachelier. Tout de suite, les besognes abondèrent : des notices et des préfaces pour l'éditeur Lemerre; des articles
d'archéologie pour un grand dictionnaire d'antiquités, des comptes rendus critiques pour
L'Amateur d'autographes, fondé par Jacques
Charavay.

Avec Louis-Xavier de Ricard, il collaborait au Larousse et il tenta même de mettre
sur pied une *Encyclopédie de la Révolution*,
en douze volumes. Cette énorme entreprise
échoua faute de souscriptions.

En dehors de ces travaux d'érudition, il
rimait. Il rimait éperdument, pour lui, pour
ses amis, pour de petites revues. L'amour et
la politique l'inspiraient tour à tour. Sa jeune
foi républicaine lui soufflait de violentes dia-
tribes contre Napoléon III : *Les Légions de
Varus*, *La Légende de Denys de Syracuse*. Elles
furent accueillies par Robert de Luzarches
dans sa *Gazette rimée*, qui faillit en mourir.

A vingt-quatre ans, en 1868, il connut la
joie de voir paraître son premier livre : *Alfred*

de Vigny. Cette étude était publiée par Ba-chelin-Deflorenne, un éditeur du quai Voltaire, chez qui son père continua de travailler après avoir liquidé sa propre librairie.

Peu après, la guerre éclatait.

— Jamais, me racontait Anatole France, jamais je n'ai été traité aussi abondamment d'idiot. Au moment de la conscription, j'avais été racheté. C'était l'habitude, dans la bourgeoisie. Dès le début de la guerre, je fus versé dans la garde nationale. Nous n'étions pas équipés. Les gradés portaient simplement des insignes. Un jour de décembre, nous défilions devant l'état-major du général Clément-Thomas. Un officier à cheval cria vivement : « Sergent! Sergent! » J'étais bien sûr qu'il ne s'adressait pas à moi, puisque j'étais simple soldat. Cependant, il fondit sur moi, me traita d'espèce d'idiot, puis, découragé par ma stupeur, il tourna bride.

« Or, j'étais sous les ordres d'un sergent nègre, qui grelottait sous une mince capote, tandis que j'avais un paletot épais et chaud. Je lui avais offert de changer. J'avais donc des galons de sergent. Mais je ne m'en souvenais plus au moment où l'officier d'état-major m'apostrophait. J'avais oublié ma gloire. »

Le récit de ses campagnes était bref :

— On nous disait toujours que nous marcherions derrière les troupes combattantes dès qu'elles auraient percé. Mais la percée ne venait jamais. Pourtant, nous avons pris part, en quelque sorte, à la bataille de Champigny.

« Nous étions en réserve. Pour nous distraire, nous jouions au bouchon, avec des pièces de cent sous. Ou bien nous pariions vingt sous sur la chute du prochain obus dans la Marne. Tomberait-il à notre droite ou à notre gauche ?

« Voilà tout ce que j'ai vu de la bataille.

« Ce jour-là, je retrouvai Sully-Prudhomme, qui se plaignait d'une paralysie du rectum et qui en paraissait fort affecté. Je rencontrai également André Theuriet qui, plus rustique, supportait mieux les rigueurs de la campagne. »

A Paris, son service consistait surtout en patrouilles et en factions.

— Le soir, pendant nos patrouilles, notre

grande distraction était d'entrer dans les maisons où nous voyions de la lumière aux étages élevés, et d'effarer les habitants en les accusant, sans y croire, de faire des signaux à l'ennemi.

« Je me rappelle aussi qu'une nuit, pendant le bombardement de Paris, nous allions relever à son poste M. d'Haussonville, le père de l'académicien actuel. Il nous dit : « Mais non, mais non. Allez dormir. Vous êtes jeunes. Vous avez besoin de sommeil. Je vais continuer la faction. D'ailleurs, je suis sourd, je n'entends pas les obus. »

Enfin, l'armistice vint. On le tint secret jusqu'au dernier moment.

— Paris l'ignorait le soir même où il fut conclu, me racontait encore Anatole France. Je savais, par un secrétaire de Garnier-Pagès, que les hostilités cesseraient à minuit. Place de la Bourse, dans une réunion publique en plein air, des citoyens prêchaient la lutte à outrance. J'eus la malencontreuse idée de me mêler à la foule et de murmurer que toutes ces protestations étaient bien inutiles, puisque l'armistice était signé. Aussitôt, je fus houspillé, désigné comme traître et poussé à la tribune. Je n'ai jamais été éloquent. Je le fus, ce soir-là, moins que jamais. Et j'eus grand'peine à expliquer qu'il s'agissait évidemment d'une rumeur, d'un bruit qui courait, d'une fausse alerte.

*
* *

Après la guerre de 1870, Anatole France reprit ses travaux chez Lemerre, à *L'Amateur d'autographes* et au Larousse. Il composa même un dictionnaire de cuisine, avec Leconte de Lisle. A la fin de sa vie, le souvenir de cette collaboration l'égayait encore.

— Le docteur Déclat avait acheté le manuscrit de ce dictionnaire à Alexandre Dumas père. Ce n'était en réalité qu'un cahier de papier blanc où l'on rencontrait, de temps en temps, quelques lignes d'écriture. Nous fûmes chargés, Leconte de Lisle et moi, de combler les vides. Leconte de Lisle me confia la rédaction des textes. Il se réserva les retouches. A chacune de mes recettes, il ajoutait du poivre de Cayenne, en murmurant, à l'adresse des futurs lecteurs : « S'ils ne sont pas contents, qu'ils aillent se faire foutre. »

Un autre souvenir de la même époque le mettait encore en joie : l'inoffensive rivalité de Leconte de Lisle et de Lacaussade. Nés tous deux sous le ciel des tropiques, tous deux attachés à la Bibliothèque du Sénat, ils étaient tous deux poètes. Ils se jalousaient. Parce que Lacaussade avait le teint sombre, Leconte de Lisle le traitait de nègre, le surnommait Zanzibar et Bamboula. Il avait même, d'avance, composé son épitaphe, d'une simplicité féroce :

Il est là
Bamboula
Tra la la.

Anatole France avait naturellement pris parti pour Leconte de Lisle. Ils étaient très liés. Le poète, alors en pleine gloire, s'était intéressé au débutant. Il lui voulait du bien. Dès 1867, il lui avait ouvert sa maison. Il l'avait poussé aussi dans ce petit groupe de poètes par-

Les poèmes dorés   Ordre de production
Les noces corinthiennes.   Le génie latin
      Jocaste et le chat maigre.
Les désirs de Jean Servien.

Le crime de Sylvestre Bonnard
      Le livre de mon ami
            Pierre Nozière

L'étui de nacre.

Balthasar
      Le jardin d'Épicure.   La vie littéraire
      Le lys rouge   Thaïs
      Le puits de Sainte Claire
      La Rôtisserie de la reine Pédauque
      Les opinions de M. Jérôme Coignard
      Clio
Crainquebille
            L'orme du mail
            Le mannequin d'osier
            L'anneau d'améthyste
            Monsieur Bergeret à Paris
Histoire comique
      Sur la pierre blanche   Le mannequin d'osier
      Les contes de Jacques Tournebroche.
      Les sept femmes de la Barbe Bleue.
            Vie de Jeanne d'Arc
L'île des Pingouins.

      Les dieux ont soif
            La révolte des anges

nassiens qui se réunissaient chez l'éditeur Lemerre et dont Anatole France devint même le porte-parole lorsque parut, en 1873, son recueil de vers, *Les Poèmes dorés*.

Enfin, Anatole France souhaitait depuis longtemps d'être attaché à la Bibliothèque du Sénat. L'influence de Leconte de Lisle, qui en était bibliothécaire sous la direction de Charles Edmond, favorisa sa nomination. Elle date de 1876.

Cette même année, il publiait sa pièce en vers, *Les Noces corinthiennes*, où revit toute la Grèce ancienne.

N'est-ce point une année culminante, une année symbolique, n'est-ce pas l'année qui couronne vraiment sa jeunesse, celle où il satisfait à la fois les deux grands penchants de sa nature, puisqu'il va vivre désormais dans la cité des livres et qu'il a célébré avec éclat la grâce antique?

LA MODESTIE D'ANATOLE FRANCE

Le trait le plus frappant, chez Anatole France, en dehors, bien entendu, de ses dons spirituels, c'était la modestie. Une modestie qui apparaît incroyable quand on réfléchit qu'il s'agit d'un homme de lettres, et d'un homme de lettres qui fut vénéré comme un demi-dieu.

A vrai dire, j'emploie le mot modestie faute d'un autre vocable. Car la modestie, par définition, consiste à ne pas parler de soi orgueilleusement. Or, Anatole France ne parlait pas de lui du tout! Et chez lui, la modestie n'était pas une vertu négative, une vertu silencieuse. Elle avait deux faces. Elle était aussi une vertu agissante. Non seulement il ne s'occupait pas de lui, mais encore il s'occupait des autres.

Cette modestie était dans sa nature. Mais il l'avait cultivée, il l'avait fortifiée à la lumière de la raison, il l'avait érigée en règle de vie.

Il a écrit : « Loin de chercher à me connaître moi-même, je me suis toujours efforcé de m'ignorer. Je tiens la connaissance de soi comme une source de soucis, d'inquiétude et de tourments. Je me suis fréquenté le moins possible. Il m'a paru que la sagesse était de se détourner de soi, de son image, de s'oublier soi-même... Petit et grand, jeune et vieux, j'ai toujours vécu le plus loin possible de moi-même... Ignore-toi toi-même, c'est le premier précepte de la sagesse. »

Et il répétait volontiers, dans sa conversation, qu'il est sage de se détourner de soi. Un soir qu'il rentrait à la Béchellerie, après une absence d'une dizaine de jours, je m'aperçus qu'il parcourait tous les journaux accumulés sur sa table avant d'ouvrir ses lettres. Pourquoi s'intéressait-il davantage aux événements rapportés dans les journaux qu'aux nouvelles contenues dans ses lettres et qui le touchaient personnellement? Je le lui demandai. Il me répondit en me regardant par-dessus ses lunettes :

— C'est parce que je ne m'intéresse pas à moi.

Une autre fois, quelqu'un remarqua qu'il n'existait pas de glace dans le salon de la Béchellerie, où il vivait, où il avait fait installer sa table-bureau. A vrai dire, un miroir ancien était accroché à la muraille, mais il était si haut perché, tellement terni, qu'il était rigoureusement inutilisable. Ce fut pour Anatole France l'occasion d'affirmer sa doctrine. Fi des glaces, où l'on est obligé de se voir.

— Le secret, pour endurer la vie, c'est de ne pas s'occuper de soi, de son image, de son âge, et de s'occuper des autres.

Cette règle de l'ignorance de soi-même, il l'appliquait dans toutes les circonstances de la vie. Ainsi, il adorait conter des anecdotes. D'ailleurs, il y excellait. Il les jouait à merveille. Le ton, le geste, rien n'y manquait. Eh bien, c'étaient toujours des anecdotes extérieures, des anecdotes où il ne tenait pas de rôle.

On obtenait très difficilement de lui des renseignements personnels. Je me rappelle ma première tentative. Peu avant, dans une longue conversation, je lui avais dit mon vœu de noter filialement ses souvenirs. Il y avait acquiescé, plein de bon vouloir et de promesses. Le moment vint de s'exécuter. Je le pressai de me raconter ses débuts littéraires, tels qu'il souhaitait de les voir fixés. Il me dit :

— Eh bien, j'ai d'abord fait des articles pour un dictionnaire d'archéologie, puis des préfaces pour des éditeurs. Mon premier livre de prose, c'est *Jocaste et le Chat maigre*. Ce n'était pas bon. C'était sec et c'était court.

Tel était le ton de ses brèves confidences.

Il était tellement détaché de lui-même, que ce bibliophile passionné, épris de tous les beaux livres, même modernes, ne s'est jamais intéressé aux éditions rares de ses propres œuvres. Jamais il ne les suivait dans les catalogues, qu'il recevait en grand nombre et qu'il feuilletait assidûment. Il éprouvait une sorte

de malaise quand on racontait devant lui que
les amateurs s'arrachaient non seulement la
première, mais la deuxième édition de ses
livres; ou qu'ils attachaient un prix énorme
à de menues particularités, comme une faute
typographique, la couleur d'une couverture.
Dans une vente publique, un exemplaire d'une
de ses œuvres atteignit un chiffre considérable.
On le lui cita. Il en fut sincèrement irrité :

— Eh bien, non, que voulez-vous? C'est
démesuré. J'aime la mesure.

Je me rappelle encore un de ses mots qui
exprime bien son éloignement de lui-même.
Je lui rapportais un propos que ma fille ca-
dette avait tenu sur moi : « Il faut décidément
à chacun une religion dans la vie. La religion
de papa, c'est Anatole France. » Il hocha la
tête et il répliqua avec beaucoup de conviction :

— Eh bien, moi, je n'ai pas la même religion que vous!

Ah! certes non, il n'avait pas la religion
d'Anatole France...

Mais s'il ne consentait pas à s'occuper de

lui, il s'occupait des autres. C'était, je le répète, la seconde face de sa modestie, la face altruiste, la face rayonnante.

Lui qui ne parlait jamais spontanément de son propre travail, il ne manquait jamais d'interroger ses amis sur leur tâche présente, quelle que fût leur profession. Quand il s'agissait d'écrivains, il se rappelait toujours très exactement l'ouvrage qu'ils préparaient. Où en étaient-ils? Etaient-ils contents? Leur œuvre semblait seule avoir de l'importance à ses yeux.

Il mettait même en confiance la visiteuse intimidée, le débutant de lettres, pâli d'émotion, qui franchissaient son seuil pour la première fois. Il leur disait le mot espéré, le mot qui délie le cœur.

Et puis, ces familiers et ces nouveaux venus, il les écoutait. Il savait écouter, dans un moment où cet art déjà se perdait. A vrai dire, personne n'écoute plus personne. Je me demande même comment il a pu exister de « brillants causeurs ». Car, actuellement, ils n'auraient plus d'auditeurs. En entendant une

L'ancienne orangerie de la Béchellerie,
transformée en bibliothèque.

anecdote, la plupart des hommes se rappellent aussitôt une histoire analogue, mais bien meilleure. Et désormais distraits, ils s'agitent et trépignent, dans l'impatience de placer leur excellent récit. Anatole France ne tombait pas dans ce travers. Il était vraiment attentif. Rien ne lui était indifférent. Tout l'instruisait.

Et même on s'apercevait parfois, au bout de plusieurs années, qu'il avait observé de très menus détails, comme des nuances de vêtement, un dispositif mobilier, qui n'avaient pas paru, dans l'instant, fixer son attention.

Qu'ils vinssent de Paris, de Tours ou d'une propriété voisine, il interrogeait tous les arrivants sur les événements du jour : « Eh bien, quoi de nouveau ? » Ou encore : « Ah! celui-là va nous dire ce qu'il sait. » Lui qui avait tant appris, il semblait toujours avoir tout à apprendre des autres.

C'était avec une vivante curiosité, parfois avec une réelle angoisse qu'il pressait de questions ses visiteurs. Car, s'il avait l'amour du temps passé, le temps présent et même les temps futurs le passionnaient aussi. Rien de la vie terrestre ne lui était étranger. Ce grand homme était un grand humain. Il s'intéressait à tout, sauf à lui.

*
* *

Pour bien faire sentir la force de cette modestie, il faudrait montrer les assauts qu'elle a subis sans en être entamée ni même ébranlée.

C'est au déclin de leur vie que les grands hommes sont le plus assaillis par les flots de la louange et de la ferveur universelles. Anatole France n'a-t-il pas précisément écrit, à propos d'Ingres : « La vieillesse, qui est une déchéance pour les hommes ordinaires, est, pour les hommes de génie, une apothéose. » Ils marchent accompagnés du cortège de leurs chefs-d'œuvre. Cette apothéose, Anatole France l'a connue. C'est elle qu'il faut évoquer.

Je passe vite sur ces solennités où l'on célébrait sa gloire, comme cette réception à la Maison des Etudiants dont j'ai déjà dit un mot, le banquet du prix Nobel, la fête du

Trocadéro pour ses quatre-vingts ans, cette cérémonie si touchante, si pathétique où, déjà pâle et faible, il parut pour la dernière fois en public. Dans toutes ces apothéoses, des philosophes, des poètes, des historiens, des romanciers, des hommes politiques, lui apportaient successivement leur tribut. Et, comme ils s'efforçaient de varier leurs hommages, ils montraient tous les aspects de son génie.

On peut retrouver dans des revues et des brochures le texte de ces discours et juger ainsi de la diversité, de la magnificence et de la profusion de ces louanges. Ce qu'on ne peut pas restituer, c'est la ferveur des assistants lorsqu'ils se pressaient sur son passage à l'issue de ces fêtes, ce sont ces faces heureuses, ces bouches élargies, ces yeux brillants et tendres, et ces femmes qui voulaient lui baiser la main...

Ses voyages étaient aussi des occasions d'apothéose. Et il a beaucoup voyagé. Particulièrement attiré par les musées, il a parcouru la plupart des pays d'Europe et parfois à plusieurs reprises : l'Angleterre, la Belgique, l'Allemagne, la Hollande, l'Espagne, l'Italie, la Grèce, la Russie, la Suède. Il a visité l'Egypte, l'Afrique du Nord et poussé jusqu'en Amérique du Sud.

Chaque fois que sa présence était connue, elle était magnifiquement célébrée. Ses admirateurs organisaient dans l'élan, dans l'enthousiasme, des réceptions ingénieuses. J'ai sous les yeux toute une série de cartes illustrées qui commémorent les émouvantes cérémonies de Sao-Paulo, au Brésil, et une grande photographie d'un banquet de Londres, où près d'un millier de convives s'alignent à perte de vue.

Son voyage en Afrique du Nord, du Maroc à la Tunisie, ne fut qu'une longue ovation, depuis le petit village où l'institutrice lui offrait un bouquet de fleurs champêtres, jusqu'aux grasses cités où l'élite s'assemblait autour de lui en des galas somptueux. Entre elles, toutes les villes rivalisaient de trouvailles. Je me rappelle la réception de Tébessa, dans le Temple de Minerve, une ruine romaine merveilleusement conservée. Des deux côtés du perron qui l'exhausse, des jeunes filles s'éche-

lonnaient. Elles étaient vêtues de blanc, dra-
pées à l'antique, une grande palme verte à la
main. Et toutes portaient sur la poitrine une
écharpe de satin mauve où s'enlevaient en
lettres d'or les titres des œuvres d'Anatole
France. Il dut gravir les degrés entre ces deux
haies charmantes. Il pleurait.

Mais le signe le plus sensible et le plus constant de la ferveur mondiale, c'était le cour-
rier.

En dehors des lettres, il contenait des livres
frais parus, envoyés de tous les points de la
terre, des livres imprimés en toutes les langues,
sur les papiers les plus rares, et tous revêtus
de dédicaces agenouillées.

Puis venait toute une menue monnaie de
suppliques, la rançon de la gloire : des collec-
tionneurs imploraient un autographe sur un
album, sur un de ses livres ou l'un de ses portraits qu'ils joignaient à leur envoi, sur une
feuille volante, sur un éventail; des débutants
lui soumettaient leur manuscrit; des auteurs
sollicitaient une préface; des journalistes quê-
taient une entrevue, une réponse à une enquête.

Sans compter les écrivains gênés qui lui demandaient l'aumône et les candidats académiques qui mendiaient son suffrage.

Il s'y glissait de plus flatteuses instances. Une revue nouvelle renonçait à paraître si le nom d'Anatole France ne figurait pas au sommaire de son premier numéro. Un illustre auteur dramatique le suppliait, par un long télégramme, d'assister dans une loge à la répétition générale de sa pièce, qui perdrait toute signification sans la présence d'Anatole France. Dans des dépêches aussi longues, des comités réclamaient également cette indispensable présence à des inaugurations, des congrès. Une radieuse artiste, au faîte de la vogue, implorait le maître en des lettres échevelées : il lui fallait absolument, pour couronner sa vie selon son rêve, interpréter au cinéma une héroïne d'Anatole France.

Mais à toutes ces sollicitations s'ajoutaient des hommages moins intéressés, et par là plus touchants. Tous les jours, un pieux concert de voix montait vers lui, où se mêlaient les louanges, les vœux, les confessions, les actes de foi, les prières, les actions de grâces.

A certains, il apparaissait comme une providence. Un vieil ouvrier français, établi depuis vingt-cinq ans aux Etats-Unis, tenait absolument à ce qu'il franchît l'Océan afin de décrire, et par conséquent de lancer, je ne sais plus quel site californien.

D'autres voyaient en lui un suprême directeur de conscience. Une maman genevoise l'adjurait ingénument de guider son grand fils dans le choix d'une carrière. Parfois on se réfugiait en lui dans des circonstances tragiques : à la veille d'une opération qui pouvait être mortelle, une lectrice le suppliait de faire prendre chez elle des papiers secrets, qu'elle craignait de voir tomber aux mains des siens.

Beaucoup de ces correspondants n'exprimaient que de la ferveur. Des journaux annonçaient-ils qu'il était souffrant? Aussitôt d'obscurs correspondants s'en alarmaient. Des adresses, signées par des groupes d'étudiants ou de militants politiques, souhaitaient son prompt rétablissement.

Une autre maman lui envoyait le portrait

de son petit garçon qu'elle avait baptisé François « en souvenir de M. France ». Un blessé de guerre s'était installé en convalescence dans le voisinage de la Béchellerie, « dans l'espoir de rencontrer, au hasard d'une promenade, le regard d'Anatole France ».

Un étudiant guatémalien lui écrivait que la lecture de ses œuvres lui avait rendu le goût de la vie, l'avait sauvé du suicide. Pour lui, « les mots étaient devenus des idées et les idées des sentiments ». Il n'avait plus qu'un désir : aller à Paris, pour l'entrevoir.

Parfois, le flot s'enflait soudain. Ainsi, après le Prix Nobel, les lettres de l'étranger arrivèrent plus nombreuses que jamais. L'une d'elles, partie d'Australie, portait cette suscription : « Anatole France, maître de la morale et de la philosophie. » Aucune autre adresse. Simplement, dans un coin de l'enveloppe, cette candide supplique : « Monsieur le maître de postes, je vous en prie, envoyez cette lettre à M. Anatole France. »

Le jour de ses quatre-vingts ans, cinq cents lettres et dépêches, souvent signées de noms

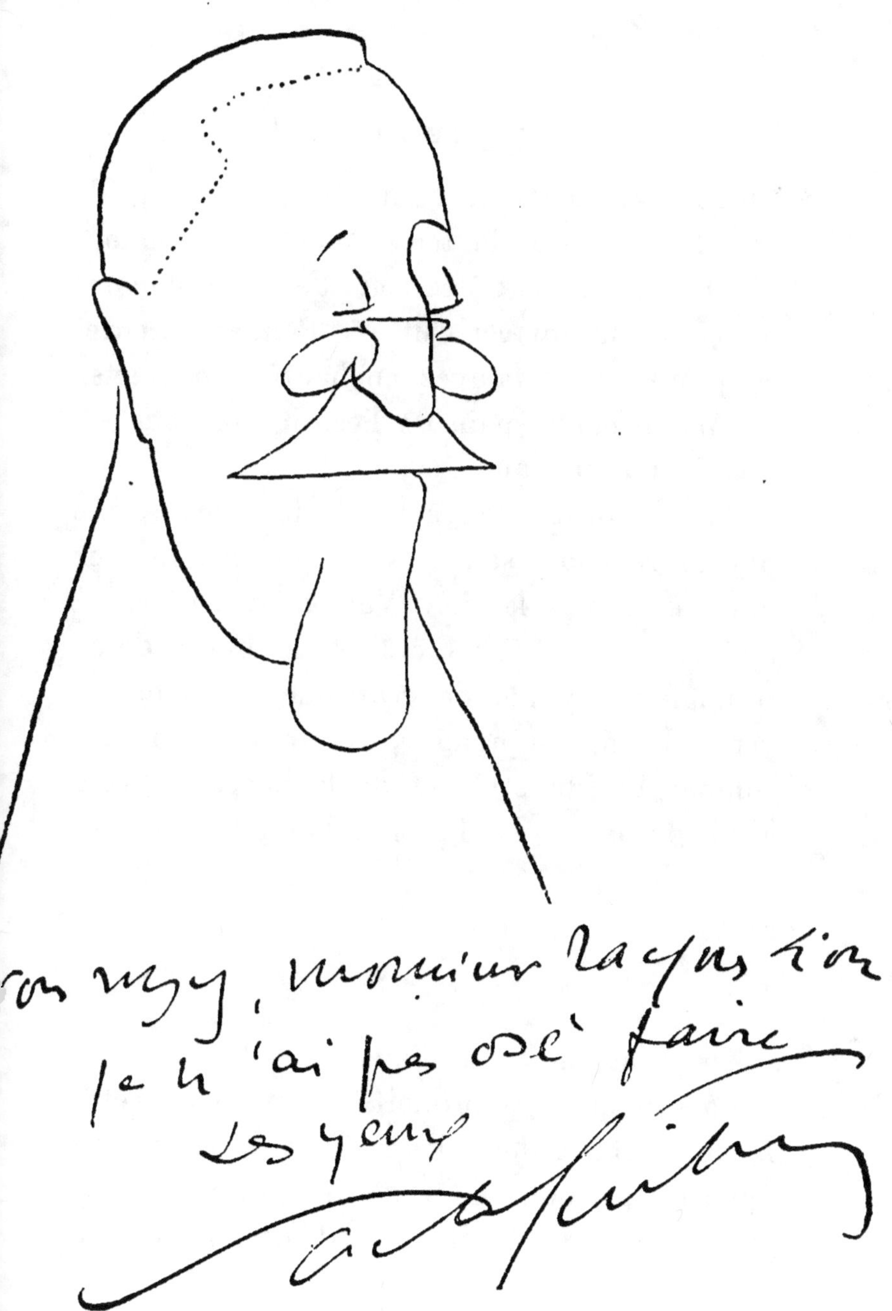

Caricature d'Anatole France par Sacha Guitry.

illustres, s'abattirent sur la villa Saïd, de tous les points de la terre. Mais la plus émouvante, c'était peut-être celle de ce petit commerçant qui lui écrivait : « Pendant trente-cinq ans, vous m'avez enchanté. Vous avez été pour moi le pain de l'esprit. Je vous remercie aujourd'hui... »

Parmi toutes ces actions de grâces, une phrase revenait sans cesse : « Vous m'avez fait comprendre la vie... Vous m'avez enseigné le sens de la vie... » C'était le leitmotiv de ce prodigieux hymne de gratitude qui montait vers « le sage suprême », vers « le maître incomparable du style et de la pensée », vers celui qui avait su à la fois éclairer les âmes et les ravir.

*
* *

Tout cet encens ne l'avait pas grisé.

Lorsqu'on lui exprimait de vive voix cette reconnaissance dont des milliers de lettres lui apportaient l'offrande, il en éprouvait toujours une sorte de gêne, qu'il dissimulait par une plaisanterie ou quelque autre diversion.

Un jour, il entra dans une librairie au moment précis où une dame âgée, de haute allure, achetait un livre de lui. Elle se fit présenter. « Maître, je vous dois les vingt plus belles années de ma vie. J'ai voulu vous en remercier. » Lorsqu'elle fut partie, il se tourna vers les commis :

— Admirez, Messieurs, la discrétion de cette dame. Elle ne m'a même pas demandé de signer son volume.

Parfois, il se vengeait malicieusement de ses admiratrices, lorsqu'il avait en vain déployé toutes sortes de ruses pour leur échapper. L'une d'elles était parvenue à l'investir dans un petit coin, l'accablait d'éloges et de questions : « Quel est celui de vos livres que vous préférez aux autres ? » Aussitôt Anatole France d'inventer un titre : *Le Violon de faïence*. La dame tomba dans le piège. Et, confidentielle : « Moi aussi, Maître. »

Il lui arrivait de trahir le véritable malaise que provoquait chez lui la louange. Pendant un déjeuner assez nombreux à la Béchellerie, quelqu'un déclara qu'on pouvait se croire à Ferney, chez Voltaire. Tous les autres convives de renchérir, de broder sur ce thème. Anatole France rougit, mit la main devant ses yeux et, très sérieusement :

— Si vous continuez, dit-il, je m'en vais.

Mais le plus souvent, je le répète, il tournait les compliments en plaisanterie. Et plus l'éloge était gros, plus il exagérait lui-même la boutade qui lui permettait de l'esquiver. Ainsi, lorsqu'on lui présenta une brochure intitulée : *Trois penseurs : Anatole France, Jésus, Pascal*, il fit la grimace :

— Je suis en bien mauvaise compagnie.

Une autre fois, on évoquait devant lui ses visites académiques. On lui demanda si M. de Vogüé lui avait vraiment tenu ce langage : « Monsieur, tout, dans vos écrits, choque mes croyances. Mais le génie est un don de Dieu. Je méconnaîtrais la volonté divine en ne votant pas pour vous. » Anatole France dut attester l'exactitude du propos. Mais il ajouta aussitôt :

— Il va sans dire qu'il n'avait rien lu de moi.

Tous ceux qui lui parlaient de son génie, comme M. de Vogüé, le faisaient sourire. Il ne s'en irritait même plus. Il était absolument persuadé qu'il n'avait pas de génie. L'idée qu'il pouvait en avoir lui semblait même comique. A tel point qu'il parlait quelquefois de son génie en manière de facétie, comme l'obèse parlerait de sa sveltesse. Il était sûr d'un effet de drôlerie.

Un jour, à Cannes, dans un magasin, un client à qui l'on montrait Anatole France laissa choir d'émotion son monocle, qui s'émietta sur la dalle. Je lui signalai l'incident. Il dit, en se moquant, d'un ton de feinte gravité :

— Le génie est un fléau.

Une autre fois, je lui demandais, de la part d'une de ses lectrices, quelle était la ville décrite dans les *Bergeret*. Il me répondit qu'il avait peint sans modèle, qu'il n'avait jamais vécu en province, qu'il avait habité Paris jusqu'à soixante-dix ans. J'insistai. Un des quartiers de la ville où professe M. Bergeret s'appelle les Tintelleries. Or, les Tintelleries existent, à Boulogne-sur-Mer. Comment avait-il pu forger, sans le savoir, un nom réel? Alors, toujours se moquant, le geste envolé :

— Le génie...

Bref, il semblait ignorer sa gloire comme il ignorait sa personne. De cette modestie totale, je cueille un dernier trait. Quand il reçut le prix Nobel de littérature, le ministre de Suède à Paris se rendit villa Saïd et l'invita, de la part de son souverain, à venir à Stockholm. Anatole France accepta. Mais il exprima le désir d'emmener son petit-fils qui est aussi, comme chacun sait, l'arrière-petit-fils de Renan. Seulement, il avait si peur que cette prétention, de la part d'un simple grand-père comme lui, parût exagérée au ministre suédois, qu'il ajouta vivement, pour la justifier :

— Vous savez, c'est le petit-fils de Renan.

*
* *

Telle était cette double modestie, d'autant plus notable chez Anatole France qu'il avait plus de raisons de s'enorgueillir. Elle était, pour ainsi dire, soulignée par sa gloire.

Et souvent, en ne considérant en lui que le grand modeste, — cet homme qui ne vous entretenait jamais de lui et qui vous entretenait toujours de vous, — il m'apparaissait comme une anticipation vivante, le type déjà réalisé d'une humanité qui ne se répandrait sur la terre que dans des siècles, à une époque où l'altruisme relierait les hommes de ses guirlandes fleuries, où il y aurait plus de douceur, d'élégance et de grâce à vivre.

Ce n'est pas seulement l'altruisme et la modestie d'Anatole France qui faisaient de lui une vivante anticipation. D'un second point de vue, il apparaissait en avant de son temps. Et, naturellement, je laisse toujours de côté l'écrivain qui, lui aussi, appartenait à cet avenir meilleur qu'il avait annoncé dans son œuvre et pénétré de sa vue profonde. Je veux parler encore de l'homme. Je veux parler de sa façon de voir et de juger.

Qu'il s'agît d'une chose, d'une idée, d'un être, sa pensée en faisait instantanément le tour. Elle les saisissait en les enveloppant, comme un lasso. Il en découvrait en même temps le fort et le faible, le bon et le mauvais.

Anatole France à la Béchellerie.

Il en apercevait dans le même moment tous les aspects.

Par exemple, esquissait-il un portrait, dans la conversation? Il ne manquait jamais d'y mettre à la fois l'ombre et la lumière.

Il disait, d'un écrivain dont il avait toujours admiré, célébré le talent : « L'étroitesse de son caractère soulignait la hauteur de son esprit. »

D'un polygraphe prétentieux, mais assez érudit : « C'est un sot encyclopédique. »

D'un couple ami : « Je n'ai jamais connu de gens plus intéressés ni plus désintéressés. »

D'une jolie femme, un peu niaise : « Elle est bête comme un pot; mais des pots tournés comme ça, il n'y en a guère. »

Cette faculté était innée chez lui, de saisir d'un même regard les qualités et les défauts d'un être. Et il ne les dissociait plus. A ses yeux, défauts et qualités faisaient partie de la personne dont il parlait, au même titre. Il les citait ensemble.

Ce tour d'esprit lui était si naturel qu'il revendiquait le droit d'apercevoir et de signaler les défauts des gens qu'il aimait le mieux.

Et, si l'on n'adoptait pas sans réserve son avis sur ce point, faute de sentir comme lui, si l'on marquait quelque hésitation à le suivre, il se fâchait. Il s'emportait même. Car il avait, comme tous les hommes doux, des colères rares, mais explosives. Il s'écriait qu'on ne voulait pas le comprendre, qu'on était avec lui de la dernière injustice. Et il réaffirmait avec force qu'on pouvait parfaitement aimer les gens et voir leurs travers.

Il ne partageait donc pas le sentiment commun, qui veut qu'on soit aveugle pour ce qu'on aime. Et tous ses jugements diaprés eussent déconcerté la plupart des hommes, qui ne sont guère accoutumés à ce qu'on mêle la critique et la louange. Ils sont habitués à des opinions d'une seule couleur : des plaidoyers qui sont tout éloge, ou des réquisitoires qui sont tout blâme.

Et les principaux intéressés, je veux dire les personnages que visaient ces jugements, auraient été les premiers à les mal comprendre et à les mal prendre. Ils auraient glissé sur la

louange, qui leur eût semblé toute naturelle;
et ils n'auraient retenu que la critique, comme
une écharde sous la peau.

Car nous sommes encore ainsi faits. Nous
vivons encore sous le règne de l'unité. L'homme
nous semble encore d'une seule matière, comme
une statue. Il est bon, ou il est méchant. En
réalité, il est bon et méchant.

Anatole France avait le sentiment extrêmement vif de cette complexité de la créature,
de ses contrastes, de sa diversité, de ses contradictions même. Il savait bien que la con-
tradiction est essentielle, nécessaire. Elle
marque la cadence de la vie, qui n'est qu'une
suite de mouvements contraires, de pulsations :
le sang dans l'organisme, le piston dans la ma-
chine, l'air dans les poumons, et le grand rythme
de la mer.

Et Anatole France devançait encore son
temps lorsqu'il admettait ce disparate, lorsqu'il enveloppait ces aspects opposés d'un
même regard d'indulgence et de pitié.

J'ai parlé un peu longuement des jugements
qu'il portait sur les hommes. Mais, je le ré-

pète, cette lucidité totale s'appliquait également aux choses. Là encore, il revendiquait le droit de découvrir, dans un même objet, de la laideur et de la beauté. Je n'en citerai qu'un petit exemple. En 1923, le Grand Prix automobile fut disputé sur le Circuit de Touraine, qui passait à quelques kilomètres de la Béchellerie. Anatole France y assista. La veille, il visita même un de ces campements où l'on mettait au point, jusqu'à la dernière heure, les voitures de course. Leurs silhouettes basses, leurs capots monstrueux, le déroutèrent. Mais il sentait en même temps que leurs lignes exprimaient bien leur puissance et qu'elles étaient modelées par la raison. Et il célébra leur « horrible beauté ».

Enfin, il faisait de la même façon le tour des idées. Pour lui, une doctrine pouvait, tout comme un homme, contenir le meilleur et le pire. Il l'examinait sur toutes ses faces. Il louait un de ses aspects; il en blâmait un autre. C'est ainsi qu'une même idée, comme une même personne, pouvait lui inspirer tour à tour des propos rigoureux et des propos bienveillants.

Cette faculté de faire le tour des choses
contribua peut-être à créer la légende de son
scepticisme. Certains ont feint de penser qu'il
ne croyait à rien parce qu'il examinait tout.
Au contraire, il est facile de prouver la fixité
de ses grandes convictions, d'après les actes
de sa vie.

Car, le moment venu, il savait parfaitement
se déterminer. Après avoir pesé le pour et le
contre, il savait parfaitement lequel l'emportait. Après avoir considéré tous les aspects
d'une question, il savait parfaitement prononcer
sur elle un jugement définitif. Après en avoir
fait le tour, il savait parfaitement s'orienter,
reprendre une direction ferme. Sa fantaisie ne
se jouait qu'en surface. Au fond, il avait choisi.
Sa pensée ressemblait à ces fleuves dont les
eaux s'attardent, musent, s'offrent des ca-
prices, tourbillonnent en remous autour d'un
obstacle, mais n'en reprennent pas moins leur
cours, vers le large.

Anatole France ne savait pas résister au plaisir de faire plaisir. C'est bien une des clefs de sa vie. Ce penchant explique beaucoup de ses gestes. Certes, il lui valut des joies, mais aussi les pires ennuis.

Faire plaisir... C'étaient les mots dont il se servait pour excuser sa bonté. Je l'entends encore les prononcer pour la première fois devant moi, sur la terrasse de la Béchellerie. Un visiteur prenait congé de lui. Il le détestait, car il le jugeait envieux et méchant, et ces deux travers lui inspiraient une sorte de répulsion physique. Pourtant il lui rendit grâces et le pressa de revenir. Et tandis que le fâcheux s'éloignait, il continuait de le saluer d'une main amicale, de lui jeter des sourires fleuris,

des « au revoir, au revoir, à bientôt, à bientôt ».
Ainsi voilà un jaloux, un méchant, dont il
tolérait tout juste la présence. Et il le remer-
ciait de sa visite, et il l'engageait à la renou-
veler au plus vite! Pourquoi? Il haussa les
épaules :

— Faire plaisir.

Quand il s'agissait de faire plaisir, on pouvait tout oser lui demander. On était sûr de
tout obtenir. Pendant son voyage en Afrique
du Nord, à Mascara, notre petit groupe fut
disséminé, pour la nuit, en divers logis. Le
matin, nous devions nous réunir à la gare, où
le gouverneur de l'Algérie nous emmènerait,
dans son train, jusqu'aux confins marocains.
La présence d'Anatole France et des personnages officiels faisait événement par la ville.
Dans l'omnibus d'hôtel qui nous conduisait
à la gare, un papa commentait la nouvelle
pour sa fillette, avec une familiarité sympathique : « Tu verras, il y aura de grosses lé-
gumes sur le quai. » Puis, d'un ton plus recueilli : « Il y aura Anatole France, le plus grand
écrivain vivant. » Alors, traversé par l'idée la

plus chimérique, la plus folle, la plus comique, il ajouta : « Je te présenterai à lui. » Et d'éclater de rire.

Comme ce serait amusant de réaliser ce rêve impossible, cette folie... Sur le quai, dès que j'aperçus Anatole France, je lui confiai en trois mots mon projet. Naturellement, il s'y prêta : faire plaisir. La fillette était déjà installée en wagon, près d'une portière. Nous nous approchons. Je lui dis : « Mademoiselle, votre papa vous promettait tout à l'heure de vous présenter à Anatole France. Voilà qui est fait. » Je lui désignai Anatole France, qui lui tourna un petit compliment, lui baisa la main et lui laissa une carte illustrée où il écrivit : « Mademoiselle, je vous embrasse. » Ce qu'il fallait voir, c'était la tête du papa.

Chez lui, ce besoin de faire plaisir était irrésistible comme une impulsion et balayait ses plus fermes propos. Un jour de fête intime à la Béchellerie, il avait rigoureusement interdit sa porte aux photographes. L'un d'eux, venu de Tours à pied, se présente congestionné, ruisselant, écrasé sous le poids d'un énorme appareil. Quatre kilomètres en montée. A sa vue, Anatole France abandonna toutes ses résolutions. Il lui dit : « Que voulez-vous, maintenant, Monsieur, vous êtes chez vous. Faites de nous ce que vous voudrez. » Il l'abreuva de porto, organisa des groupes, suggéra des scènes et posa quinze fois. Le photographe s'envola, radieux. C'était le plus beau jour de sa vie.

Il aimait tellement faire plaisir qu'il félicitait toujours un auteur sur son dernier livre, même quand il ne l'avait pas tout à fait lu. Dans une soirée, il se heurte à un débutant qui vient de lui envoyer son roman. Il n'en a pas encore coupé les pages. Le lui avouer ? Ce serait le priver d'un plaisir. Cela, jamais. Et il lui confie, d'un ton pénétré : « Ce que j'aime le mieux dans votre livre, c'est la seconde partie. » L'auteur médite un instant, la face froncée. Puis il s'éclaire : « Maître, mon roman n'est pas divisé en parties... Mais je vois ce que vous voulez dire : vous voulez parler du revirement de la femme coupable, à partir du moment où elle se ressaisit... » Anatole France lui prit les mains : « Précisément. »

Pour faire plaisir, il ne s'épargnait aucune peine. Au printemps 1920, un jeune homme, qui n'était pourtant pas de son entourage, lui présente une requête vraiment singulière. Sa maîtresse avait un second amant qui faisait son service militaire loin de Paris, dans un port. Littéralement, elle en mourait de désespoir. Le bon jeune homme, pour sauver son amie, voulait faire rappeler son rival à Paris. Anatole France s'y employa. Comme le cas relevait, paraît-il, de la Marine, il sollicita le ministre, les sous-secrétaires d'Etat, les chefs de cabinet. Et jugeant que ces concours n'étaient pas encore suffisants, il entreprit même de mettre dans son jeu deux anciens marins, devenus célèbres dans la littérature.

De bout en bout, l'histoire de son portrait par Van Dongen témoigne de son constant souci de faire plaisir. C'est pour être agréable à un ami commun, le militant Rappoport, qu'il consentit à poser devant le peintre, dont l'atelier était alors voisin de la maison d'Anatole France, villa Saïd. On sait que le tableau fit scandale. Deux courants d'opinion se des-

sinèrent. Les admirateurs d'Anatole France
déploraient que « l'homme de génie, le maître
universel, fût peint sous des
traits si pénibles ». Ses détrac-
teurs s'en réjouissaient.

Anatole France défendait
faiblement son portrait. Il
disait : « Les mains sont bien. »
Ou encore : « Van Dongen a
le sens de la couleur. » En
même temps, il écrivait à
l'un de ses jeunes amis « que
les habitants de Pingouinie
avaient été pingouins avant
d'être hommes et que Van
Dongen s'en était souvenu
pour le peindre en pingouin ».
En réalité, il se regardait
dans cette image comme dans
un de ces miroirs qui grossis-
sent et déforment : elle lui
rappelait cruellement son âge,

Dessin
d'Anatole France.

dont elle exagérait, dont elle aggravait les
signes.

Et pourtant, le jour où Rappoport, accouru à la Béchellerie, lui demande pour Van Dongen un *satisfecit* que le peintre puisse publier, Anatole France, certain de s'attirer un renouveau d'injures, délivre l'élogieuse attestation. Faire plaisir...

Cette irrésistible tentation de faire des heureux le jetait parfois dans des complications inextricables. Quand une belle et pathétique artiste lui demandait l'autorisation de tirer un film d'un de ses romans, il la lui accordait, naturellement. Mais quand une seconde artiste, non moins belle et non moins pathétique, implorait la même faveur au sujet du même roman, il la lui accordait encore. D'où conflit.

De même, il eût autorisé plusieurs auteurs à traduire, à adapter au théâtre une de ses œuvres, faute de savoir refuser. Il trouvait chaque fois de bonnes raisons : « Il est pauvre... Il en a besoin. » Son vieil ami Léopold Kahn, attaché depuis de longues années à sa maison d'édition, dut prendre en mains ses intérêts, obtenir, en particulier, que tous les projets de contrats lui fussent communiqués.

D'ailleurs il avait gardé une ignorance, un détachement incroyables des questions d'argent. Tous ceux qui ont lu *Le Petit Pierre* se rappellent que l'enfant demande à sa mère, à qui l'on vient de rendre de la monnaie, si le commerçant vous donne de l'argent en même temps que la marchandise. Anatole France, sur ce point encore, ressemblait au Petit Pierre. Il ne devait jamais connaître le prix de l'argent. Après la guerre, quand on commença d'augmenter le prix des livres, je lui demandai si ses droits d'auteur suivaient cette majoration. Il me répondit qu'il l'ignorait absolument. Et il s'excusa :

— Je ne suis pas calculateur.

Heureusement, il n'a pas toujours connu les désagréments que lui attirait sa bonté. En 1921, le beau-frère de l'un de ses amis entreprit un voyage d'affaires en Russie soviétique. A cette époque, c'était encore une exploration. Il sollicita d'Anatole France des lettres de recommandation pour Lénine et quelques autres dirigeants bolchevistes. Il va de soi qu'Anatole France accepta. Je le vois encore écrire soigneusement ses brouillons. C'était son habitude, pour les lettres importantes, n'eussent-elles que quelques lignes. Il fit même large mesure, signa des lettres passe-partout, sans nom de destinataire. Le voyageur, ébloui par sa bonne fortune, acceptait toujours. A tel point qu'Anatole France lui demanda, non point en reproche, mais en plaisanterie : « Que diriez-vous, si je tombais exténué de fatigue? »

Veut-on savoir comment il fut récompensé de son zèle amical en cette occasion? Il y a des gens qui ne peuvent pas croire au désintéressement, même chez les autres. Puisque Anatole France avait écrit ces lettres, il avait évidemment un intérêt dans les affaires de son protégé. Il trafiquait. On l'affirma dans des notes qui parvinrent au ministère de l'Intérieur. Il les a toujours ignorées.

Son besoin d'obliger attira même des attaques à sa mémoire. Pendant la guerre, deux Tourangeaux montèrent une fabrique de képis. Quand le casque survint, ils durent arrêter leur travail. Ils demandèrent alors un sursis d'un mois, afin d'utiliser leurs stocks de drap. La faveur était insignifiante et pouvait même se justifier, puisque les mobilisés de l'intérieur continuaient de porter le képi. Les deux fabricants prièrent Anatole France d'appuyer leur démarche. Il écrivit aussitôt au ministre de la Guerre, dont il était pourtant loin de partager les opinions. Mais quand il s'agissait de rendre service, il n'hésitait pas à solliciter ses adversaires politiques eux-mêmes. Un an après sa disparition, des feuilles de réaction publièrent sa lettre au ministre et le dénoncèrent avec indignation comme un profiteur de guerre! Ainsi, par cette indécente bouffonnerie, on lui faisait, même après sa mort, expier sa bonté.

Jusqu'à ses derniers jours, il a voulu faire plaisir. A l'heure où il savait bien que les médecins, réunis autour de son lit, ne parviendraient pas tous ensemble à le sauver, il disait à chacun séparément :

— Vous êtes mon sauveur...

C'est un peu jouer sur les mots, j'en conviens, que de faire tenir dans la même formule l'amour d'Anatole France pour l'antique et son goût pour les antiquités. Mais vraiment les deux penchants se ressemblent et se prolongent. L'un et l'autre étaient également accentués chez lui. Examinons-les tour à tour.

— Au fond, disait Anatole France, je n'aime que l'antique.

C'était encore de la modestie. Car il s'intéressait à toute l'histoire humaine. Mais il est certain qu'il marquait une sorte de tendre prédilection pour le passé lointain, surtout pour l'antiquité grecque et romaine.

Devant les monuments que ces deux civi-

La cour de la Béchellerie. A droite, le corps de logis principal.
A gauche, le chai, qui contient des chambres d'amis.

lisations nous ont laissés, il s'épanouissait, il s'illuminait, il vivait plus large. Il était heureux.

Lorsqu'il parcourut l'Afrique du Nord, il s'enthousiasma surtout devant les vestiges romains dont elle est toute semée. Il y a, là-bas, des ruines qui furent, pendant des siècles, enfouies et conservées sous le sable, et qu'on exhume juste de nos jours. Elles s'entr'ouvrent à peine à la lumière, comme Timgad, fleur intacte, sculptée dans le marbre blanc. Elles ne sont pas piétinées, comme leurs sœurs d'Italie, de Grèce et d'Egypte. Moins notoires, elles sont plus émouvantes. Anatole France jugeait le Colisée de Rome moins imposant que cet énorme et farouche amphithéâtre d'El-Djem, planté, tout seul, sur la plaine désertique.

Et il s'attardait aussi, pendant des heures, devant les fins trésors découverts dans les fouilles et recueillis dans les musées antiques de Cherchell, de Tipazza, d'Alger, de Tunis. A Carthage, il émerveillait de son érudition le conservateur du musée, un « père blanc »,

le père Delattre, qui, dans le feu de la controverse, avait fini par l'appeler tout court Anatole.

Dix ans plus tard, je devais encore assister à cette confrontation d'Anatole France
et des ruines romaines. Il avait voulu remonter
du Midi, en auto, par le chemin des écoliers,
afin de traverser cette région, entre Arles
et Nîmes, si riche en monuments antiques :
théâtres, arènes, temples, aqueducs, thermes,
arcs de triomphe, mausolées. Il n'en omit
aucun et s'émut devant tous.

Au théâtre d'Orange, on avait joué deux
ans plus tôt *Les Noces corinthiennes*. La concierge, qui sert de guide, crut comprendre à
nos propos qu'elle avait l'auteur devant elle.
Elle lui demanda :

— C'est-y que vous êtes Anatole France ?
Il n'osa rien affirmer :
— On le dit.

Dans ce théâtre, il voulut essayer l'acous-
tique et, debout au bord de la scène, dans sa
grande cape brune, il récita des vers. Et, décidément, la personnalité s'inscrit dans le

moindre trait : au lieu de choisir des vers de lui et de les emprunter aux *Noces corinthiennes* qu'on avait jouées là même, il dit une tirade de l'*Œdipe-Roi* de Sophocle.

Que ce fût en Provence, en Grèce, en Afrique, devant tous ces monuments, il se transportait en quelque sorte aux temps de leur splendeur. Il donnait l'impression de revivre, pour un moment, dans ce passé qui lui était si cher et si familier.

Non seulement il l'aimait, mais encore il l'admirait. Il en célébrait les hommes et les œuvres. A la vue de ces travaux inattaquables, comme le pont du Gard ou les réservoirs de Carthage, il disait :

— Nous avons beaucoup à apprendre des Romains. Ils excellaient dans l'hydraulique. Ils sont nos maîtres en colonisation. Grands administrateurs, ils ne méprisaient pas les dieux étrangers. Le fonctionnaire romain, visitant les temples d'un pays conquis, s'en faisait expliquer les dieux et déclarait qu'ils existaient à Rome sous des noms différents. Le peuple subjugué trouvait cet homme rai-

sonnable. Les Romains voulaient que leurs
ennemis vaincus devinssent leurs amis.

Avec quelle flamme, quelle vivacité, il défendait ceux de ses chers Romains que l'histoire a calomniés... Un jour, guidé par des
officiers, il visitait la palmeraie de Colomb-
Béchar, dans le Sud-Oranais. Précédé d'un
adjudant, suivi d'un capitaine de spahis, il
dut s'engager sur une digue très étroite, qui
séparait deux réservoirs de niveaux très différents : d'un côté l'eau toute proche; de l'autre
le gouffre. On marchait en équilibre entre les
deux risques de la noyade et de la chute. Mais
Anatole France évoquait les Romains. Il
nomma Tibère. Se tournant vivement vers le
capitaine de spahis : « On a été très mal pour
Tibère. » Et, suspendu entre deux périls, il
défendit la mémoire outragée de l'empereur
romain.

Il participait aux luttes du passé aussi
étroitement qu'à nos agitations actuelles. Dans
un temple antique, il confiait par exemple à
ses compagnons, d'un ton de dépit, comme si
l'événement datait de la veille :

— Les religions asiatiques, le culte d'Isis et de Mithra, cheminant par l'Egypte, ont peu à peu gagné Rome. Les femmes en étaient les zélatrices. Surtout les petites femmes. Les Grecs et les Romains étaient rationalistes : les Asiatiques représentent la revanche du mysticisme sur la raison.

Comme les civilisations d'Athènes et de Rome lui étaient également familières, il se plaisait à marquer leurs dissemblances :

— Les dieux romains, disait-il, n'avaient que le nom de commun avec les dieux grecs, qui étaient les plus aimables des dieux.

Il revenait très souvent sur cette idée que nous sommes plus près des Romains que des Grecs :

— Nous sommes tellement latins... Tenez. Cicéron avait un gendre tout petit, qui apparut, un jour, armé d'un sabre énorme. Et Cicéron de s'écrier : « Qui donc accrocha mon gendre à ce grand sabre? » N'est-ce pas de l'humour, n'est-ce pas notre humour?

Il admirait tant la paix romaine qu'il ne

se consolait pas de sa fin et qu'il voulait du moins qu'elle eût péri en beauté.

— Et tout cela, s'écriait-il, n'a pas brillé mille ans!... Mais Rome n'a pas succombé sous les invasions barbares. Elle est morte épuisée, par l'excès même de son effort sans pareil.

*
* *

On conçoit qu'Anatole France aimât s'entourer des vestiges d'un passé dont il était si fervent. Les sculptures antiques le ravissaient. Bien des fragments précieux ornent les murailles de la Béchellerie.

Il aurait voulu qu'on fouillât le Tibre, où l'on avait dû précipiter tant de statues, aux heures troubles de l'histoire.

— Le fond doit en être comme pavé, disait-il, et la vase les aura conservées. Mais voilà. On dépense des centaines de milliards pour la guerre et l'on ne trouve pas un sou pour repêcher des trésors.

Son cabinet de travail de la villa Saïd était tout éclairé par un marbre, un torse de femme, dont la matière semble tressaillir et s'animer sous le regard ou sous la main.

— Guidé, expliquait-il, par le comte Primoli, je l'ai acheté en Italie dans un antre où l'on fabriquait de faux Botticelli. Il gisait dans une baignoire. Le marchand, inquiet, pressé de nous voir dehors, se montra fort accommodant.

Mais il ne se bornait pas à l'antiquité grecque et romaine. Bien que l'art chrétien lui parût triste, il avait collectionné des anges et des saints de bois sculpté, qu'il nommait plaisamment « ses bondieuseries ». Le plus rare et le plus ancien de ces bois représente sainte Anne.

Toutes les époques, disait-il, ont leur intérêt, leur signification. A ce sujet, il racontait une anecdote, restée inédite, sur Vivant Denon, curieuse et sympathique figure du Premier Empire, qu'il a dessinée dans sa *Vie littéraire*. Vivant Denon, qui acheva sa longue existence quai Voltaire, était grand collectionneur.

— Un jour, Lady Morgan vint visiter ses

collections. Entre un bronze antique et un bronze Renaissance, elle remarqua un bronze de l'époque de Charlemagne, qui faisait tache entre les deux merveilles. Elle s'en étonna. Vivant Denon lui dit : « J'ai voulu montrer qu'il faut tout craindre et tout espérer. L'antiquité devait tout craindre du moyen âge, qui devait tout espérer de la Renaissance. »

Mais il était très sévère sur l'authenticité du moindre objet. Un jour, il pénétrait dans un somptueux logis, dont le vestibule était orné d'une énorme cheminée de style flamboyant. Mais ce n'était qu'un moulage. Je lui demandai ce qu'il en pensait. Il répondit simplement :

— J'aime le gothique quand il est gothique.

Il est vrai qu'habitué à faire « le tour des choses », à penser tout haut selon sa fantaisie, il s'amusait parfois à diminuer sa science et son mérite :

— Je ne m'y connais pas tant que cela en meubles et en bibelots. Seulement, je dis toujours : « C'est trop cher », pour avoir l'air connaisseur.

Et il ajoutait aussitôt en contre-partie :
— Je n'ai jamais rien trouvé trop cher de
ce qui me plaisait.

Projet d'une enseigne de libraire, par Anatole France.

Il s'attardait longuement chez les antiquaires. Il rôdait d'abord silencieusement dans
les petites allées ouvertes entre les meubles.
Puis il visitait l'arrière-boutique, les étages,

tous les recoins, toutes les réserves. Il examinait toutes les vitrines. Il était infatigable. Ajustant ses lunettes, il promenait ses doigts experts sur tous les objets. Et souvent il en expliquait à l'antiquaire lui-même les mérites et les curiosités.

Il recherchait toutes les choses belles et vénérables, ne fût-ce que pour la joie de les regarder. Pendant son pèlerinage aux monuments romains de la Provence, il partageait son temps entre les ruines, les musées et les antiquaires. A Arles, il apprit qu'un pharmacien laissait visiter ses collections de poteries et de mortiers anciens. Il passa, dans cette curieuse officine, une heure enchantée.

Il connaissait tous les émois, toutes les alertes, de la chasse aux occasions. Je l'ai vu battre pas à pas le marché à la ferraille, sur les quais de Tours, soutenu par l'espoir de dénicher le gibier rare. Il n'ignorait pas non plus les déceptions de ces battues. Pendant un séjour dans le Midi, il cessa brusquement de fréquenter chez un libraire ancien de Cannes.

Je lui en demandai la raison. Il me répondit, tout confus :

— Il m'avait offert pour trente francs un livre qui en valait bien cinq cents. Je ne me suis pas décidé tout de suite. Pendant que j'hésitais, il a trouvé acquéreur. Alors je n'ose plus reparaître devant lui.

Il faut dire que les livres anciens le passionnaient tout particulièrement. Ses conversations avec un autre bibliophile, comme Tristan Bernard, par exemple, étaient toutes verrouillées de termes hermétiques : « Double suite... Planches refusées... Exemplaires réimposés. » Pour le profane, ils semblaient parler une langue étrangère. Il sortait même de sa modestie ordinaire et il étalait complaisamment les signes originaux de ses livres rares, comme sa première édition des *Provinciales*.

Il abondait en anecdotes sur les amateurs, « qui sont toujours, à dessein, vêtus comme des mendigots », et sur les antiquaires.

— Une actrice, dont la beauté est indestructible comme une légende, entra chez une antiquaire renommée pour son franc-parler.

Elle lui demanda, d'un air de souveraine, si elle n'avait pas un sarcophage ancien. La marchande comprit que la dame le destinait à sa toilette. Elle répondit : « Je ne tiens pas les rince-culs. »

Il contait encore :

— Un archevêque de Tours, grand collectionneur, raflait toutes les vieilles statues, de pierre ou de bois, des églises de son diocèse. Un curé, apprenant la prochaine visite de monseigneur et connaissant son goût, cacha la statue du patron de son église, car il la savait estimable. L'archevêque arrive et s'étonne. Qu'est devenu le saint ? « Monseigneur, répond le curé, il est parti quand il a su que vous veniez. »

Ce goût si sûr des rares et vieilles choses, Anatole France l'appliquait à l'aménagement de son logis. C'était son occupation préférée. Il surveillait de très près la pose des meubles et des tableaux. Derrière les tapissiers, il traquait la moindre hérésie : il interdisait, par exemple, les rideaux de vitrage dans une chambre xviiie siècle. Emportant de pièce en pièce son marteau et sa boîte à clous, il accrochait lui-même des gravures, de menus médaillons.

Après la guerre, il avait transformé l'ancien chai de la Béchellerie, une simple grange, d'équerre avec le bâtiment principal. Il y avait arrangé deux chambres d'amis. Ce travail le passionnait. Après une journée de labeur, il s'asseyait enfin, recru de fatigue, en soupirant : « Ah! Je me suis bien amusé. » Ou bien, au retour de ses promenades d'après-midi, dans la voiture qui le ramenait à la Béchellerie, il interrogeait : « Comment ça va-t-il être?... Est-ce que ce sera bien? » Ces deux pièces, d'une splendeur discrète, achevée, sont dignes d'un musée. Elles portent sa dernière empreinte et lui donnèrent sa dernière joie.

*
* *

Est-ce à dire qu'Anatole France ne s'intéressait qu'au passé? Mille fois non. Et, justement, après avoir montré qu'il aimait les antiquités, il convient de rappeler encore qu'il n'aimait pas qu'elles.

— J'aime le moderne quand il est beau, disait-il. Il est certain que chez soi, contre un mur, un Carpeaux est plus aimable qu'un Michel-Ange.

Il savait aussi que l'art ne suffit pas à la vie des peuples.

— L'art, disait-il, n'est pas à lui seul un signe de vigueur et de durée pour une civilisation. A Sybaris, on était entouré de belles statues. Et cependant, Sybaris a vécu...

Aussi n'est-ce point seulement en art qu'il savait être moderne. Par exemple, au point de vue social, loin d'être un homme du passé, il prêchait les temps meilleurs, il avait foi dans l'avenir, il y voyait la Terre Promise et, chose bien rare, il a toujours su mettre d'accord ses doctrines politiques et ses actes.

Il ne se désintéressait pas des grandes découvertes de science qui sont le signe des temps modernes. Maintes fois dans ses discours, dans ses essais d'anticipation, il a montré que le machinisme, guéri de sa fièvre et de sa frénésie premières, assagi, assoupli, libérerait l'homme de ses pénibles servitudes, permettrait de réaliser la vie plus juste et plus belle.

Curieux des plus récentes conquêtes, il fut des tout premiers à monter en avion, en dirigeable, à une époque où ces promenades passaient encore pour des exploits. Petits faits, dira-t-on. Combien d'hommes « nouveaux » pourraient s'en targuer? Et, à son retour de Suède, après le Prix Nobel, il tint à rencontrer Einstein, dont il avait étudié les théories.

Ses ouvrages attestent qu'il avait le goût de la géologie, de la botanique, de la médecine même. Deux de ses romans sont fondés sur de pures observations médicales. Et il s'intéressait aux incessants prodiges de la sans-fil, de la radiologie, aux vues nouvelles sur la constitution de la matière.

Enfin, il aimait particulièrement la plus vaste, la plus majestueuse des sciences, sa chère astronomie. Il déplorait qu'elle ne fût pas à la base de l'enseignement, qu'elle n'eût pas encore versé dans les esprits sa sérénité. Ses premiers livres contiennent de profondes méditations astronomiques, de vertigineuses descriptions du ciel. Il voulait consacrer à sa science préférée son suprême Dialogue, et le dernier livre qu'il ait ouvert était un livre d'astronomie.

Anatole France chroniqueur au *Temps*, 1885.

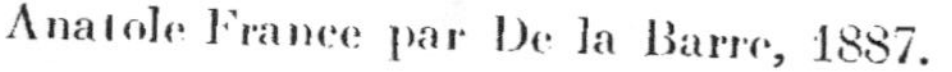

Anatole France par De la Barre, 1887.

LA CONVERSATION D'ANATOLE FRANCE

Dans la conversation d'Anatole France se retrouvaient ces grands traits naturels que j'ai tenté d'indiquer : son éloignement de soi-même, sa façon de voir les choses, son goût de faire plaisir. Ils marquaient profondément la physionomie de ses entretiens. Ils la caractérisaient en partie.

Ainsi, cette faculté de découvrir toutes les faces d'une question, d'en faire le tour, apparaissait dans la plupart de ses propos. On s'en apercevait d'autant plus vite et d'autant mieux, qu'il parlait librement devant ses auditeurs, sans contrôle et même sans prudence. Il leur donnait cette touchante marque de confiante amitié : il pensait tout haut devant eux.

Pendant qu'il faisait ainsi le tour des choses, il livrait ses impressions successives, devant chaque aspect nouveau. Un même objet pouvait le séduire et l'indigner. Il étalait tous les remous de son esprit, ses fantaisies, ses jeux, ses écarts, ses saillies, ses fugues à contre-courant.

Quant à son éloignement de soi-même, il s'alliait à son besoin de faire plaisir pour ménager bel accueil aux arrivants, les mettre à l'aise, en confiance, leur prodiguer sa fine politesse et, le moment venu, les écouter.

Sa modestie le poussait également à ne pas parler de lui, à ne conter que des anecdotes où il ne tenait pas de rôle. Mais il excellait à représenter les personnages qu'il mettait en scène, s'il ne s'y mettait pas lui-même. Il les imitait à ravir. Il était Napoléon, les doigts à plat dans son gilet, le ton brusque. Il était M. Renan, assis, la tête inclinée, le regard pensif, les mains aux genoux. Il était Victor Hugo, olympien. Il était Aristide Briand, la lèvre désabusée sous la moustache épaisse, et jouant de sa voix d'orgue.

D'une manière générale, il excellait d'ailleurs à faire revivre les époques, les milieux, les êtres qu'il lui plaisait d'évoquer.

Enfin, son altruisme marquait ses entretiens d'une dernière empreinte; rien ne lui étant indifférent, sauf lui, il touchait à tous les sujets. Tout l'effort des hommes le passionnait, depuis les vicissitudes historiques les plus lointaines jusqu'à nos agitations actuelles, depuis les chefs-d'œuvre de l'art antique jusqu'aux découvertes scientifiques les plus récentes.

Dans cette ardeur à tout connaître, à tout étreindre, il était servi par son intelligence, sa mémoire et son érudition. C'étaient trois hautes cimes, de même altitude. Il lui semblait permis de tout comprendre, de tout retenir, de tout savoir. Et ces vastes facultés ne doivent pas faire oublier son esprit, qui éclairait sa sagesse de traits étincelants.

Si sa faculté de faire le tour des choses, son art de les évoquer, de les envelopper de spirituelle ironie, donnaient à sa conversation de l'éclat et de la vie, sa curiosité de tout, sa compréhension de tout, lui donnaient une richesse, une abondance diaprées. Sa pensée ressemblait bien au fleuve dont les eaux s'attardent en retours capricieux. Mais c'était un fleuve sans pareil, qui traversait tous les sites, tous les siècles, et qui les reflétait en scintillantes images.

Pourtant, il n'était pas éloquent. Il racontait volontiers ses débuts d'orateur :

— La première fois que j'eus à parler en public, je présidais un comité. J'avais à dire : « La séance est ouverte ». Je prononçai : « L'ouverte est séance. » Voilà mes débuts dans l'éloquence.

Mais ses admirateurs ne doivent pas regretter que le don d'improvisation lui ait fait défaut. Car il avouait :

— Si j'avais été éloquent, je n'aurais jamais écrit.

Il ne bégayait pas, comme on l'a dit. Il cherchait parfois ses mots, avec de petits clappements de langue, des battements rapides de ses doigts agiles et fuselés. Il les cherchait comme l'écrivain les cherche devant son papier. On assistait à un travail de ratures, de surcharges verbales. Un médecin de ses familiers donnait à ces hésitations une autre origine. Il disait qu'Anatole France pensait plus vite qu'il ne parlait. Les mots, formés et surgis en trop grand nombre, se pressaient à l'issue et parfois l'engorgeaient.

Cette conversation, il l'adorait. C'était ses délices. Il s'y plongeait comme dans une onde bienfaisante. Il y trouvait des forces. Il y trouvait l'oubli.

Je le revois, tout à ces voluptés de la causerie, dans des décors si divers... Les terrasses de Cannes ou d'Antibes, sous le jet des palmiers; les jardins de Bou-Denib, aux confins marocains, au milieu d'un état-major de jeunes officiers, si fervents; la tente ou l'intérieur d'un chef arabe; des tables amies, la sienne, parmi d'illustres convives; une pièce toute tapissée de robes suspendues, chez son ami Dubiau, le marchand de confection de Tours; le magasin du doreur Moreau, autre fidèle Tourangeau; des autos, des wagons; de petits salons d'hôtel, parfois aimables, souvent nus et froids, au hasard des escales; des salles de musée; et tant

de boutiques de libraires et de marchands d'antiquités...

Et partout où il avait installé la conversation, partout je le revois pareillement épa-
noui, pareillement animé. Partout il oubliait
le reste du monde dans les délices de la causerie. Partout il oubliait l'heure et la faisait
oublier.

Mais si l'on ne devait garder qu'une image
de lui, il faudrait la placer dans le cadre familier de sa chère Béchellerie. Coiffé de la ca-
lotte de velours rubis qui navigue sur ses che-
veux drus et courts, enveloppé d'une ample
robe de chambre de grosse étoffe beige, un
foulard lâche autour du cou, le nez charnu,
un large sourire tendu sous la moustache
forte, la barbe blanche au vent, le geste ouvert,
il parle... Et tout en l'écoutant, on reste malgré
soi attiré, fasciné, par ses mains admirables,
par ses yeux dont l'âge n'a point altéré la
beauté, ses yeux bruns, veloutés, scintillants,
caressés de cils épais, où l'on s'émeut toujours
de retrouver à la fois tant de profondeur,
d'ironie, de bonté.

***

En Touraine, sa journée n'était qu'une suite de conversations. Qu'on en juge.

De bonne heure, il apparaissait au faîte du perron que protège une petite véranda de treillage et de verdure. Très souvent, il transportait déjà une statuette, ou un cadre, un coffret. C'était sa joie, d'aménager, d'améliorer des chambres d'amis dans une des dépendances qui leur étaient destinées : *le Chai, les Lapins* (sur l'emplacement d'un ancien clapier), *la Petite Béchellerie*.

Il plaçait chaque objet avec un extrême souci de la ligne, de la couleur, du style, de l'harmonie. Il le jugeait : « Ça, c'est bon. » Ou encore : « Ça, c'est de la basse époque. » Il en savait l'origine, l'âge, l'histoire. Tout en caressant la marqueterie d'un petit meuble : « C'est une presse à calandrer, du XVIe. Elle est hollandaise. Oui, là-bas, on a toujours eu le goût du beau linge, bien lustré. On voyait de ces presses dans chaque maison. »

Ou, devant une figure de mosaïque : « Ces portraits de pierre sont d'une exécution inférieure. Bien oui. Mais ils sont précieux. Ce sont des témoins. De l'antiquité, nous n'avons pas de portraits peints. Ainsi, le musée de Sousse possède un portrait authentique de Virgile, en mosaïque. C'est un homme rasé, solide, tout différent de ces figures de convention qui nous représentent Virgile sous les traits efféminés d'un jeune dieu. »

Et de meuble en meuble, de bibelot en bibelot, on était transporté à travers tous les âges, dans tous les pays, parmi toutes les mœurs.

Peut-être Anatole France préférait-il encore les livres aux objets d'art. L'ancienne orangerie était devenue la bibliothèque, d'une ampleur de cathédrale. D'autres rayons lambrissaient les salons, les couloirs, les vestibules. C'étaient ses reposoirs. Tirant un volume ancien, il estimait d'un regard la reliure, caressait le dos, frappait le plat d'une main amoureuse, le feuilletait de l'index effilé, lisait des passages, s'enthousiasmait, s'attendrissait, s'égayait. Et souvent il ajoutait une glose plus précieuse que le texte même.

Volontiers, il s'arrêtait aussi devant les ouvriers qui entretenaient ou modifiaient son logis. Il admirait leur dextérité, leur patience, leur simple sagesse. Il les interrogeait. Près d'eux, il s'instruisait. Puis il les payait de retour. Il leur contait des anecdotes, parfois sur les origines de leur métier. Au bord d'une tranchée où des plombiers réparaient une chasse d'eau, ne leur fit-il pas l'historique des commodités à travers les âges, chez les Romains, au Moyen Age, au Grand Siècle?...

L'après-midi, il descendait à Tours chez ses laborieux amis l'encadreur ou le marchand de confection, chez l'antiquaire ou le bouquiniste. Là encore, il installait la conversation. Là encore, il interrogeait, il opinait, pendant des heures.

Souvent, la ville n'était qu'une escale. Il parcourait en auto les environs, tout ce coin de Touraine dont le ciel, les lignes et les monuments s'harmonisaient tellement avec lui-même.

Il marquait une prédilection pour quelques pèlerinages : la pagode de Chanteloup, dernier vestige du château où le duc de Choiseul, exilé, recevait magnifiquement ses fidèles; la ferme de la Chavonnière, où Paul-Louis Courier vécut de 1818 jusqu'à sa mort tragique; la petite ville de Richelieu, restée telle que la bâtirent les courtisans du Cardinal, selon son désir et ses plans.

Mais à vingt lieues à la ronde il n'est pas de château historique qu'il n'ait visité dix fois. Car il y conduisait ses invités avec une complaisance inlassable. Et l'on imagine quel guide unique il était pour eux, parmi tous ces trésors d'art, ces témoins du passé.

Il rentrait. Quelque visiteur l'attendait. Quand la nuit n'était pas encore venue, il le recevait dans le jardin. Soit sur la terrasse qui domine la vallée, bien qu'il n'aimât pas les deux magnolias qui l'ombragent. Soit sous les tilleuls, dont l'allée borde la pelouse de la cour principale. Soit enfin sur le banc de pierre qui s'aligne sur l'autre côté de cette pelouse, face au corps de logis. Ce banc provenait de la maison qu'Anatole France avait achetée à Versailles. Selon la légende, il avait appartenu au parc de Mme Elisabeth, sœur de Louis XVI.

Et aussitôt installé, il se rejetait aux délices de la conversation. Il se renseignait sur les événements du jour. « Eh bien, quoi de nouveau? » Puis il voltigeait de sujet en sujet, au souffle de sa fantaisie. A propos d'un livre, il expliquait le style. A propos d'un drame, il mesurait la puissance du sentiment. A propos de Pascal, il lançait une boutade : « Pascal a plus d'admirateurs aujourd'hui que de son temps. Car il n'avait alors que ceux qui le lisaient. Et aujourd'hui, tous ceux qui ne l'ont pas lu. »

Le soir tombait. Anatole France en subissait la mélancolie. Sa pensée s'assombrissait sans se ralentir. C'était l'heure où il médisait de la gloire, « qui est embêtante », de la vie, de « l'horrible condition humaine ».

Mais on rentrait dans le salon. On donnait de la lumière. Anatole France s'installait dans son grand fauteuil et, de nouveau, son indulgente sagesse se répandait, scintillait, pleine et souriante (1).

(1) Je n'ai pas tenté de reproduire de bout en bout un de ses entretiens. Certains de ses familiers en ont fidèlement recueilli un grand nombre. Tels, dans l'ordre chronologique, Paul Gsell, Nicolas Ségur, Claude Aveline, Sandor Kémeri.

Jocaste et le Chat maigre.

Anatole France n'aimait pas plus parler de ses livres que de lui-même. Pour recueillir sur eux quelques confidences, il fallait être aux aguets, saisir au vol les occasions et souvent les faire naître.

J'ai dit quel jugement sommaire j'avais d'abord obtenu de lui sur ses deux premiers récits réunis en volume, *Jocaste et le Chat maigre*. « Ça n'était pas bon. C'était sec et c'était court. »

Plus tard, il voulut bien reconnaître, dans *Le Chat maigre*, « une certaine gaieté, une certaine verve de jeunesse ». Et il m'apprit que le héros de l'histoire, le mulâtre Godet-

Laterrasse, était, dans la réalité, devenu député.

Il reparla de *Jocaste* devant moi lorsqu'on lui demanda l'autorisation d'en tirer un film. Il était favorable à l'essor du cinéma. Il y avait beaucoup réfléchi. Il disait que le cinéma devrait surtout interpréter le fantastique. Car le théâtre ne peut pas le rendre ou le rend par des moyens pitoyables et mesquins, comme dans les féeries. Tandis qu'on pourrait obtenir sur l'écran l'illusion parfaite du merveilleux.

L'adaptation de *Jocaste* lui souriait, parce que les hallucinations de l'héroïne jouent dans le drame un rôle décisif et que le cinéma excellerait à évoquer ces apparitions.

Il avait d'ailleurs le goût, l'instinct du cinéma. Je l'ai vu « jouer » aux usines Pathé, à Vincennes, une petite scène de présentation qui devait servir de préface à un film tiré d'un de ses romans, selon l'usage américain. Il ouvrait simplement une bibliothèque, prenait un livre, le feuilletait, souriait au public. Mais au lieu d'être paralysé par l'objectif, il y mit tant d'aisance qu'un vieil ouvrier de l'usine dit près de moi : « On dirait qu'il n'a jamais fait autre chose. Il pourrait gagner sa vie comme ça. »

Je l'ai vu jouer avec le même naturel, à la Béchellerie, quatre petites scènes familières pour un jeune amateur de nos amis, M. Paul Baverez.

A propos des diverses circonstances où il posa devant l'objectif de cinéma, il aimait raconter cette anecdote. Pendant la guerre, il écrivit un discours destiné à la République Argentine. Il était convenu qu'il le lirait devant l'objectif et que, là-bas, l'acteur Brûlé le répéterait pendant que le film se déroulerait. Le jour où il doit poser, Anatole France n'a pas encore composé son discours. Peu importe. Il prend une liasse de feuilles blanches et, pendant qu'on le filme, il se récite tout bas des tirades de Racine. Jusqu'ici, l'histoire est authentique. Anatole France avouait que la suite était de son invention. En Argentine, Brûlé lit le texte, pendant que le film se déroule. Mais soudain, dans la salle, un sourd-muet éclate de rire. Il lit sur les lèvres et a reconnu, non point le discours, mais les vers de Racine.

Le Crime de Sylvestre Bonnard.

On trouve, dans *Le Crime de Sylvestre Bonnard*, l'histoire d'un marronnier qui, dans un château à l'abandon, a poussé au milieu du grand salon et « qui tourne vers la fenêtre sans vitres les panaches de ses larges feuilles ». Ce souvenir est véridique.

— Peu après la guerre de 1870, racontait Anatole France, j'avais été dresser, avec Etienne Charavay, l'inventaire d'une bibliothèque, dans un château abandonné depuis 1848... Eh oui, il fallait bien vivre. Et là, vraiment, au milieu du salon, un arbre avait poussé...

De même qu'on a tiré un opéra de *Thaïs*, des opéras-comiques du *Jongleur de Notre-Dame* et de *La Rôtisserie de la Reine Pédauque*, des pièces du *Lys rouge* et des *Dieux ont soif*, on a adapté au théâtre *Le Crime de Sylvestre Bonnard*. Cette comédie fut jouée pendant la

Anatole France entouré de la troupe de Jehan-Adès, qui vient de donner la première représentation
de *La Comédie de celui qui épousa une femme muette*,
pour la Société des Etudes rabelaisiennes, le 21 mars 1912, au café Voltaire.

guerre. Firmin Gémier créa le rôle du vieil érudit. Déjà, quand Anatole France avait porté
lui-même à la scène *Crainquebille*, il avait eu
pour interprète Lucien Guitry. Il disait de
Guitry : « C'est Crainquebille. » Il pouvait
dire de Gémier : « C'est Sylvestre Bonnard. »

Thaïs.

Je rappelle ici comment Anatole France racontait l'origine de *Thaïs*.

— J'ai ébauché l'histoire de *Thaïs* dans une
fantaisie sur Lebiez et Barré, deux jeunes
hommes qui avaient assassiné une vieille
femme pour la voler. Ils furent exécutés. Mais
ils montrèrent jusqu'au dernier moment une
édifiante piété. Le prêtre qui les assistait s'en
émerveilla. Ils moururent religieusement. Aussi
j'ai pu écrire qu'ils iraient sans doute à la
droite du Seigneur, tandis que leur victime,
morte sans sacrements, brûlerait en enfer. De
même, la courtisane Thaïs, purifiée grâce au
moine Paphnuce, irait en paradis, pendant
que Paphnuce, qui s'est damné pour elle, gémi-
rait dans les flammes éternelles.

Pour l'édition définitive de *Thaïs*, Anatole France apporta de menues retouches à son texte.

On sait que Thaïs joue, au théâtre d'Alexandrie, cet épisode de la guerre de Troie où les Grecs exigent que Polyxène, fille de Priam, soit sacrifiée sur le tombeau d'Achille. Le moine Paphnuce s'écriait : « On voit par cette fable combien les adorateurs des faux dieux étaient cruels. » Dans la nouvelle version, Paphnuce doit s'écrier : « On voit par cette fable que les adorateurs des faux dieux avaient déjà compris la beauté du sacrifice. »

— J'ai tiré du sacrifice de Polyxène une signification meilleure, disait Anatole France. C'est un langage plus chrétien.

Il remplaça aussi le théorbe, instrument de musique, par le kimnor, « bien que Maspéro admît théorbe ».

Anatole France n'avait pas vu l'Egypte lorsqu'il écrivit *Thaïs* :

— J'ai pris mes descriptions dans le *Magasin pittoresque*. Plus tard, j'ai été voir si c'était exact.

Boutade. Car il ajoutait :

— Pour le cadre, je savais le nécessaire, car je n'ai pas voulu faire de couleur locale, bien qu'on ait voulu en voir. J'ai essayé de faire un roman philosophique.

Aussi ne corrigea-t-il qu'un trait au point de vue descriptif, d'après une remarque qu'il fit sur place : au couchant, les couleurs du ciel ne se succèdent pas dans le même ordre que sous nos climats.

Pour le personnage du moine Paphnuce, il s'était surtout documenté dans *la Vie des Pères du Désert*, édition des Jansénistes.

Au moment où il mettait au point l'édition définitive de *Thaïs*, c'est-à-dire trente ans juste après son apparition, Anatole France reconnaissait que le roman n'avait guère vieilli « parce qu'il n'était pas moderne ».

Il existe à la Béchellerie une notice sur les fouilles d'Antinoé, qui raconte la découverte de la momie de Thaïs. Cette dépouille repose actuellement au Musée Guimet, à côté de celle de Sérapion, qui ne serait autre que Paphnuce. Pas de semaine, paraît-il, où des visiteurs ne demandent à voir Thaïs.

En 1923, Anatole France visita le Musée Guimet. Les statues kmères, les gravures chinoises, la bibliothèque, l'enchantèrent. Il était en verve, animé de plaisir. Mais devant la momie de Thaïs, devant ces restes comme calcinés, ces hideux vestiges de la beauté, il se tut. Un peu plus loin, il murmura :

— On n'est pas sûr... Ce n'est peut-être pas elle. *Thaïs*, c'était un nom répandu là-bas, comme chez nous Marie.

Dans l'opéra tiré de *Thaïs*, Paphnuce est devenu, par raison d'euphonie, Atanael. A propos de ce drame lyrique, Anatole France racontait qu'étant dans la salle, un soir où l'on jouait *Thaïs* à l'Opéra, il avait voulu féliciter les artistes. Mais on lui interdit l'entrée des coulisses, parce qu'il avait un chapeau mou. La cantatrice qui interprétait Thaïs dut réclamer son auteur.

Plus récemment, dans les couloirs qui mènent au foyer des artistes, à la Comédie-Française, un huissier sortit de la muraille, bondit sur lui et lui enjoignit d'enlever son chapeau.

Et nous admirions ensemble la puissance
de ces orgueilleuses traditions qui courbent
toutes les têtes et qui ne règnent plus que dans
l'Eglise, les coulisses de la Comédie-Française
et celles de l'Opéra.

Le Lys rouge.

Lorsque Anatole France relisait *Le Lys rouge*,
comme il avait relu *Thaïs*, pour fixer le texte
d'une édition définitive, il en parlait sans enthousiasme ni tendresse.

— Il est vrai que j'ai décrit assez exactement le personnel politique de la troisième République, la façon veule de constituer un ministère. Il y a de l'amour, il y a de la politesse,
mais je n'y dis pas ma façon de penser. J'aime
les personnages qui ne sont pas uniquement
sentimentaux, qui sont en même temps intel-
lectuels.

De page en page, il se montrait plus sévère.

— Le style n'en est pas assez ferme. Et
puis, je ne connaissais pas suffisamment l'Italie.
Enfin, comme tous les romans modernes, il
a pris de l'âge. Il a des rides.

Dans son texte définitif, il avait retouché la scène du miroir. Il avait supprimé, chez le sculpteur Dechartre, la statue qui fait un geste obscène. Elle montre son pouce entre deux doigts. Ainsi les courtisanes italiennes invitent les passants.

— Ce n'était pas dans le ton du roman, expliquait Anatole France.

Cette statue existe à la Béchellerie. Comme souvenir du *Lys rouge,* on y voit aussi deux photographies où une dame et le comte Primoli posent deux scènes du roman devant la statue de San Marco, nichée dans le mur d'Or San Michele, à Florence.

Du personnage de Choulette, il disait :

— Choulette, c'est Verlaine, mais c'est aussi Nicolardot, un mendiant pieux, qui vivait des aumônes de Bourget et de Coppée. Il s'était logé tout en haut d'une maison close, à un étage trop élevé pour servir à l'amour. Je le rencontrai un matin. Il regagnait son gîte. Il portait un pain et une boîte au lait. Et tout en sonnant à la porte réprouvée, il dissertait sévèrement de la papauté.

Le Jardin d'Épicure.

Anatole France a écrit pendant quelques mois *La Vie à Paris* et pendant plusieurs années *La Vie littéraire* au journal *Le Temps*. Il a réuni en quatre volumes ses principaux articles de critique littéraire. Mais c'est aussi dans l'ensemble de ces deux collaborations qu'il a cueilli les fleurs de son *Jardin d'Epicure.*

Et il disait de ce livre, où s'exprime si pleinement son humaine et souriante sagesse, et qui reste pour tant de lecteurs le guide et le bréviaire :

— En somme, ce sont des glanes du *Temps.*

Histoire contemporaine.

Ces quatre volumes furent également révisés par Anatole France pour une édition définitive. J'ai déjà eu l'occasion de noter qu'il n'avait jamais habité la province quand il les publia et que la ville où se déroule l'étroite existence de M. Bergeret est de pure imagination.

Chacun des chapitres des *Bergeret* paraissait dans un journal, en articles séparés, à des intervalles réguliers. Il les écrivait en un après-midi, parmi la rumeur des conversations, dans un salon ami.

C'est à propos de la façon dont il enlevait de verve les *Bergeret* qu'il disait, avec une pointe de paradoxe :

— Quand je suis seul, je lis. Quand je suis dérangé, je ne peux plus lire. Alors, j'écris.

Anatole France a tiré une pièce, pour Lucien Guitry, de *M. Bergeret à Paris*. Il en parlait sévèrement :

— C'était bien mauvais.

C'est dans le troisième volume de *l'Histoire contemporaine* qu'apparaît le petit chien Riquet. Il s'appelait, en réalité, Mitzi. Bien que ce chien ne lui appartînt pas, Anatole France l'aimait beaucoup. Il l'a remis en scène dans les ébauches de ses Dialogues dont l'ensemble devait s'intituler *Sous la Rose*. Il parlait souvent de Riquet ou Mitzi, de « ses beaux yeux bruns et dorés ».

— Il était très intelligent. Mais il y avait

Dessin donné à
France. Projet de
Fontaine pour le

recherche –
Septembre 1922

des malentendus entre sa maîtresse et lui. Elle le prenait par la peau du dos, en signe d'affection. Mais il souffrait déjà de la pierre, dont il devait mourir. Et il ne goûtait pas beaucoup ces marques de tendresse. Quand elle entreprit de longues marches pour lutter contre l'embonpoint, il tenta d'abord de la suivre. Mais il s'aperçut vite qu'il n'avait pas besoin de ce traitement et il cessa de l'accompagner. Sa maladie pesait sur sa vie. Au flair, il devinait les médecins et il leur marquait de l'hostilité. Quand il avait une crise, il se sauvait, pour fuir la douleur.

Anatole France a gravé d'ineffaçables silhouettes, comme Crainquebille, M. Bergeret, Jérôme Coignard, Choulette, Sylvestre Bonnard, Thaïs. Mais il a, dans l'*Histoire contemporaine*, créé un type et un mot qui, à l'entendre, ont plus de chance de durée et qui lui inspiraient une secrète prédilection : c'est Trublion.

Crainquebille.

Crainquebille fut écrit à bord d'un paquebot, en Méditerranée.

— Le commissaire du bord, racontait Anatole France, avait mis son bureau à ma disposition. J'y étais très tranquille. Malheureusement, un passager me prit pour le commissaire et me demanda de le changer de cabine. Je lui répondis que cela m'était impossible, sans lui expliquer pourquoi. Il revint à la charge et je continuai de lui opposer un ferme refus. Enfin je lui avouai que je n'étais pas le commissaire. Il ne m'en tint pas rigueur. Il me frappa sur l'épaule, m'appela farceur et me jura une amitié éternelle. Mais j'avais perdu tout prestige à ses yeux.

Par un hasard singulier, Anatole France retrouva ce passager vingt ans après, en Touraine, pendant la guerre.

Le livre où figure *Crainquebille* contient une nouvelle intitulée *Putois*. On connaît l'histoire, dont le point de départ est véridique. Une dame, afin d'éviter un visiteur importun, lui fait dire faussement qu'elle est avec le jardinier. Puis, toutes sortes de circonstances la contraignent de couvrir son premier mensonge, de le fortifier, de le perfectionner, de lui donner un corps, d'inventer de toutes pièces un personnage qui finit, pour ainsi dire, par devenir réel.

Anatole France disait qu'il avait voulu expliquer ainsi, par une sorte d'apologue, l'origine du christianisme. Car il inclinait à croire que Jésus n'a pas existé.

— Les dieux, disait-il, passent par trois états dans l'imagination populaire. Ce sont d'abord de pures créations de l'esprit. Puis ils empruntent les pensées et les gestes des hommes. Enfin ils descendent sur la terre. Mais cette dernière métamorphose n'est pas plus vraie que les deux autres.

Histoire comique.

Histoire comique est le développement d'une nouvelle intitulée *Chevalier*. La nouvelle et le roman ont pour point de départ une « observation » de psychose qu'un médecin fournit à Anatole France.

Chose curieuse, c'était celui de tous ses romans qu'il préférait aux autres, au point de vue de la forme. Il marquait pour lui l'époque

où il s'était senti en pleine possession de ses
moyens.

— S'il me fallait récrire mes romans, disait-
il, c'est le seul que je récrirais mot pour mot.

Il estimait que *Histoire comique* se prête-
rait bien à l'adaptation cinématographique,
pour les mêmes raisons que *Jocaste*. Les apparitions de Chevalier, après sa mort tragique,
y jouent un rôle essentiel. Elles seraient parfaitement rendues sur l'écran.

Vie de Jeanne d'Arc.

Un jour que nous visitions Sens, Anatole
France me dit qu'il y était déjà venu pour
étudier la vie de Jeanne d'Arc.

— On la détournait de prendre des villes
déjà ruinées, pillées, vidées, dont il serait
temps de s'emparer quand l'occupation an-
glaise les aurait relevées et enrichies. On di-
rigea donc la « mascotte » sur Sens et Auxerre,
riches cités. Et voilà comment se fait l'histoire.

Et il ajoutait :

— Quoi qu'on en ait dit, j'ai beaucoup

étudié Jeanne d'Arc. Il est exact que j'apprenais son histoire pour l'écrire. Mais je la sais bien.

Et il défendait vivement sa façon de voir. Il avait dit vrai :

— C'était une innocente, *simplicissima.*

′ L'Ile des Pingouins.

Anatole France montrait une prédilection, au point de vue de la forme, pour *Histoire comique.* Quant au fond, il préférait nettement à ses autres romans ceux où il disait sa façon de penser, ses livres d'opinion, comme *L'Ile des Pingouins, La Révolte des Anges,* les *Bergeret, Sur la Pierre blanche.*

Il disait des *Pingouins :*

— C'est un ouvrage supportable. La partie qui est consacrée aux temps modernes représente un effort. Les chapitres sur le Moyen Age sont moins nourris. Mais ils étaient nécessaires dans un ouvrage où se déroule toute l'histoire, des origines à nos jours. Sur le Dante, pourtant, j'ai dit tout ce que je savais. Mais ce n'est pas très pingouin.

:/ C'est à propos de *L'Ile des Pingouins* qu'il célébrait les avantages de la fiction sur la réalité dans le roman.

— Bien que ses coups s'émoussent, elle permet de frapper plus fort... Ses vérités sont moins dures mais plus efficaces... Elle permet de tuer des mensonges sans blesser des hommes.

Il avouait qu'il avait risqué, dans *Les Pingouins*, un jeu de mots fort leste, mais tellement enveloppé qu'il a passé presque inaperçu. Il tient dans ce récit : « Une nuit de fête, mêlé à la foule des courtisans pressés dans le jardin du roi, le duc Jean des Boscenos s'approcha de la duchesse de Skull et mit la main sous la jupe de cette dame, qui n'en fit aucune plainte. Le roi, venant à passer, les surprit et se contenta de dire : *Ainsi qu'on se trouve*. Ces quatre mots devinrent la devise des Boscenos. »

Il disait d'ailleurs que les mots crus ne lui faisaient pas peur, bien qu'il en employât peu. Ils étaient parfois opportuns, même nécessaires, pour exprimer énergiquement une pensée ou dénouer une situation. Il racontait :

— Andrieux, le poète du *Meunier Sans-*

Souci, dînait un soir chez Mme Legouvé. C'était sous la Restauration. Pendant le repas, la fosse d'aisances déborda dans la salle à manger. Une odeur infecte se répandit. Il y eut un malaise chez tous les convives, mais aucun d'eux n'avouait son sentiment. Enfin Andrieux se décida et dit gaillardement : « Madame Legouvé, c'est étonnant ce que ça pue la merde, chez vous! » La gêne fut aussitôt dissipée. On continua gaiement le repas dans une pièce voisine. Il faut parfois savoir manquer de tact.

Les Contes de Jacques Tournebroche.

Dans ce recueil figure l'admirable *Chanteur de Kymé*, qui s'achève sur la mort du vieil Homère. Mais Anatole France lui préférait un autre récit, *Komm l'Atrebate*. Il me dit un jour :

— Bien que cela ne soit pas fait selon la méthode historique, je crois que c'est une peinture aussi exacte que possible du monde gaulois.

Et comme il savait que nous lui reprochions

Croquis de H. P. Gassier, pris à la Béchellerie en 1920.

affectueusement son excessive modestie, il ajouta :

— Ah! vous voyez : cette fois, je me vante.

Pierre Nozière.

Dans le chapitre consacré à l'enfance et à la jeunesse d'Anatole France, j'ai recueilli tous les commentaires et toutes les précisions qu'il a bien voulu me donner sur ses quatre volumes de Souvenirs : *Le Livre de mon Ami, Pierre Nozière, Le Petit Pierre, La Vie en Fleur.*

Je ne reviendrai sur l'un de ces livres que pour fixer encore un petit point d'histoire. Dans *Pierre Nozière*, un récit est intitulé *Onésime Dupont*. Le fils d'un marchand de porcelaine se décide à succéder à son père, bien qu'il n'ait pas la vocation. Mais un vieux client de la maison lui demande un rabais. Il prend cela pour une offense et veut se battre en duel avec l'acheteur qui s'enfuit épouvanté. Anatole France disait que cette histoire était véridique et qu'elle avait pour héros Victor Schoelcher.

Les Dieux ont soif.

On a prétendu que *Les Dieux ont soif* était une œuvre réactionnaire. Anatole France l'a toujours nié, de toutes ses forces.

— Oui, mon héros, Gamelin, est presque un monstre. Mais j'ai voulu montrer que les hommes sont trop imparfaits pour exercer la justice au nom de la vertu et que la règle de la vie doit être l'indulgence et la bonté.

Il s'est défendu aussi contre un autre reproche :

— Mais non, je n'ai pas été immoral dans *Les Dieux ont soif*. J'ai voulu rappeler qu'en pleine tourmente on continuait de faire l'amour. Pour cela, j'ai peint l'homme qui aimait les femmes. Et j'ai, bien discrètement, indiqué un inverti.

Il nous reste, des *Dieux ont soif,* un précieux témoignage du soin qu'Anatole France apportait à la préparation de ses ouvrages. Je veux parler de ce Calendrier républicain qu'il avait dressé lui-même et qui lui servait de guide et de plan. Sur quarante pages de cahier, il avait inscrit, jour par jour, du 1ᵉʳ mars 1793 au 20 mai 1795, tous les événements politiques, militaires et financiers, et minutieusement noté jusqu'à l'état du ciel, des cultures et des saisons.

On sait qu'Anatole France s'est toujours intéressé au personnage de Napoléon Iᵉʳ. Il en était curieux, mais non point fanatique. Ce sont ses nombreuses lectures sur la jeunesse de Bonaparte qui l'ont amené à étudier toute la période révolutionnaire et par conséquent à écrire *Les Dieux ont soif.*

La pièce tirée par Pierre Chaîne des *Dieux ont soif* fut jouée à l'Odéon en 1923. Anatole France assista à l'une des répétitions, sur la scène. Une jeune comédienne lui lut un petit compliment de bienvenue, en vers. On joua quelques scènes, que Gémier fit inlassablement recommencer. Anatole France eut des louanges pour tous les artistes et signa de bonne grâce les exemplaires des *Dieux ont soif* qui avaient fleuri, comme par miracle, dans toutes les mains.

Il assista également à la répétition générale. Quand il quitta sa loge pour aller féliciter les interprètes, il dut traverser la foule des couloirs. Les fronts s'inclinaient au passage, devant sa silhouette restée très droite sous le feutre à grands bords et la cape longue. J'ai voulu épingler ici le souvenir de cette discrète et fervente apothéose.

Les Noces corinthiennes.

Anatole France assista également à la première représentation des *Noces corinthiennes*, à la Comédie-Française, pendant la guerre, en 1918. La soirée fut troublée. Pendant le deuxième acte, l'acteur Silvain, interrompant son rôle, s'avança jusqu'à la rampe et dit d'une voix mate : « On annonce une alerte. » Des avions allemands arrivaient sur Paris. Quelques spectateurs ordonnèrent : « Continuez ! » On continua.

Tandis que le poème, le décor et les costumes évoquaient sur la scène la Grèce antique, on entendait, à travers la coupole fragile, les hurlements éplorés des sirènes, puis le tambourinement dru des tirs de barrage, enfin la sèche explosion des bombes. Elles tombaient, en effet, à six cents mètres de là, boulevard Saint-Germain. L'alerte dura toute la représentation.

Anatole France était resté dans les coulisses. Pendant un entr'acte, il se tenait dans le bureau de l'administrateur général, quand on téléphona qu'une bombe avait mis le feu au ministère de la Guerre et que les dossiers flambaient. Anatole France, qui savait le fléau de la paperasserie, prononça :

— Alors, je commence à croire à la victoire.

Il admira, pendant toute cette singulière représentation, la conscience professionnelle des comédiennes, qui continuèrent de jouer sans émotion apparente, malgré le danger. Il assurait même que certaines d'entre elles avaient profité du trouble général pour rétablir dans leur rôle des passages que l'on avait coupés aux répétitions... Et pourtant, on avait décidé, après le deuxième acte, d'accélérer le troisième, de « déblayer ».

— Pour la première fois, disait Anatole France, on a parlé à la Comédie-Française aussi vite que dans un théâtre des boulevards.

Les Livres qu'il voulait écrire.

Comme suite à ces notes sur les ouvrages d'Anatole France, je rappellerai très brièvement les livres qu'il souhaitait d'écrire et dont il a entretenu ses amis.

D'abord *Le Cyclope*, roman allégorique comme *Les Pingouins*, une satire de l'humanité sous des dehors bouffons. Les Cyclopes, qui sont immortels, mais que la civilisation avait chassés de la Sicile, reparaissent dans ce pays lorsque les guerres ont rejeté le monde à la barbarie.

C'est ainsi que les naufragés d'un yacht, jetés sur la côte sicilienne, se trouvaient face à face avec des Cyclopes, dont le fameux Polyphème, se mêlaient à leur vie, recueillaient leurs souvenirs, assistaient à leurs luttes.

Puis un roman sur Napoléon. Dans le foudroyant retour de l'île d'Elbe, il descend chez un de ses partisans, aux environs de Grenoble. Mais la petite fille de la maison commence une rougeole. Et, pour la famille inquiète, rien d'autre n'existe plus. Par un ironique contraste, la présence de Napoléon, les incalculables con-

séquences de son retour, passent pour elle
bien après la rougeole de la petite fille.

Anatole France voulait écrire le roman de
Firmin Piédagnel, le fils d'un pauvre cordonnier qu'on voit dans *L'Orme du mail*, un enfant
tendre et fin, que le Supérieur du séminaire
congédie parce qu'il n'a pas l'esprit théologique
et sacerdotal.

Il voulait, enfin, écrire la suite de *La Révolte des Anges*, en la situant dans la guerre
mondiale.

Sa Façon de travailler.

A propos des livres d'Anatole France, voici
quelques mots sur la façon dont il travaillait.

Il s'entourait d'une documentation très nom-
breuse. Ainsi, pour le roman qu'il devait écrire
sur Napoléon, il avait réuni à la Béchellerie
deux cents volumes relatifs au séjour de l'Empereur à l'île d'Elbe et à son retour à Paris.

Puis il notait sur des feuilles volantes, revers de lettres, d'enveloppes, de factures, une
quantité de pensées, de répliques, de descrip-

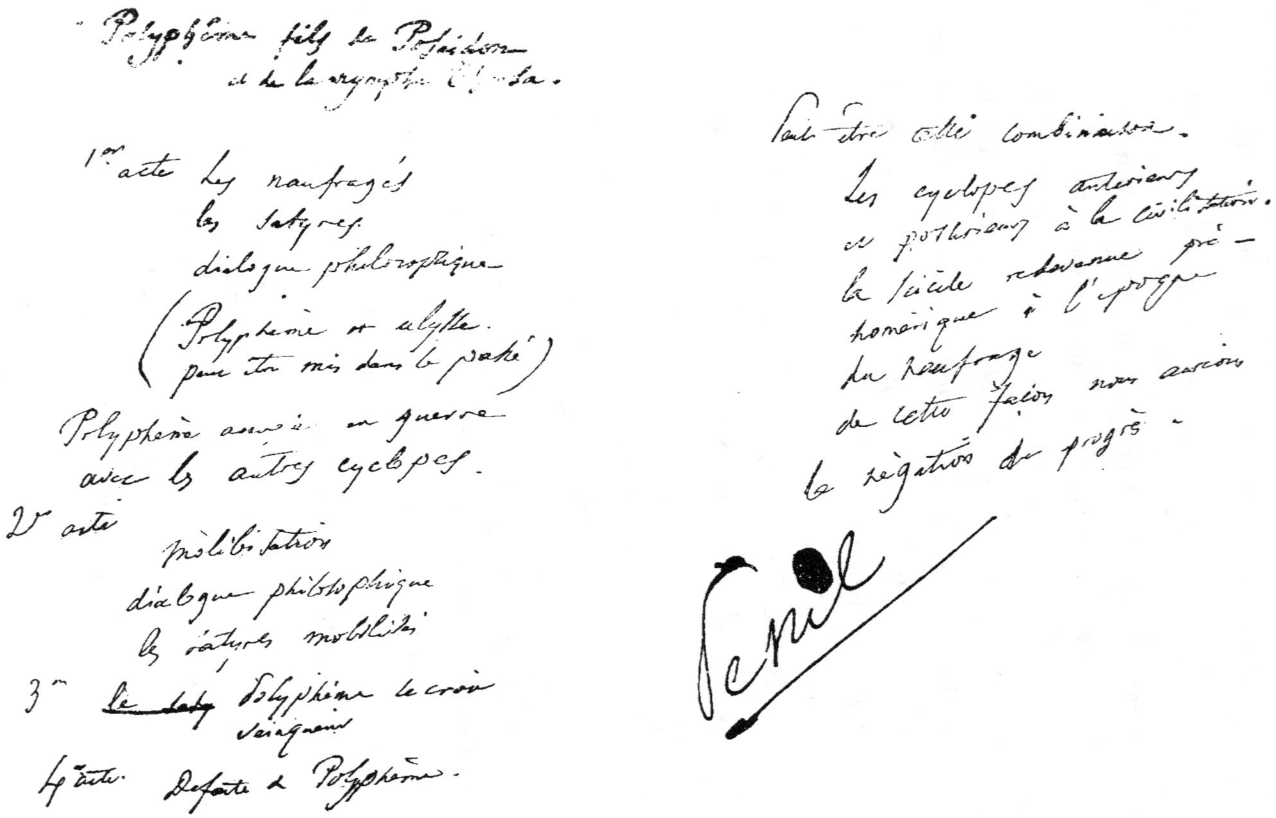

Polyphème fils de Poséidon
et de la nymphe Thoosa.

1er acte   les naufragés
les satyres
dialogue philosophique
(Polyphème et Ulysse.
peut être mis dans le passé)

Polyphème amoureux en guerre
avec les autres cyclopes.

2e acte
mobilisation
dialogue philosophique
les satyres mobilisés
3me   le satyr Polyphème le croit
vainqueur
4e acte.   Défaite de Polyphème.

peut être cette combinaison.
Les cyclopes antérieurs
et postérieurs à la civilisation.
la siècle retournant pré-
homérique à l'époque
du naufrage
de cette façon nous aurions
la négation du progrès.

[signature]

tions fragmentaires, que lui suggérait son
sujet.

Enfin, il traçait un plan. On a vu, pour *Les
Dieux ont soif*, sur quel réseau serré il jetait sa
trame : ce calendrier où s'inscrivaient tous les
événements, sur plus de sept cents jours.

Il ne mettait pas sa phrase au point men-
talement, il ne lui donnait pas sa forme définitive avant de la fixer sur le papier. Il citait
toujours, en contraste, l'exemple de Casimir
Delavigne, qui composait une tragédie en cinq
actes, la polissait, la savait par cœur, avant
d'en écrire une ligne. Au contraire, il travaillait
sur une ébauche rapide, venue de jet. Il la pré-
cisait, l'achevait, à coups de ratures, de surcharges, et de copies successives. Certaines
pages de ses derniers Dialogues sont recopiées
jusqu'à huit fois. Il avait un mot, pour exprimer que la phrase n'était pas encore au
point. Il disait :

— Ce n'est pas « fait ».

Il corrigeait aussi très abondamment ses
épreuves. Il attachait une extrême importance
à ces dernières retouches sur le texte imprimé.

C'est là qu'il traquait le passage obscur, celui qu'on ne saisit pas au premier regard. C'est là qu'il achevait de donner à sa phrase sa lumineuse limpidité. Il disait à un jeune écrivain, à propos de ce travail :

— Voyez-vous, le naturel, c'est ce qui se met en dernier.

Mais le premier jet coulait avec une facile abondance. On a vu dans quelles conditions d'inconfort ou de rapidité il écrivit *Crainquebille* et les chapitres des *Bergeret.*

Pour ne rien omettre des petites particularités de sa vie, il faut dire qu'Anatole France fut longtemps grand fumeur et que le tabac fut peut-être pour lui un excitant léger. Et même, au temps de ses collaborations à dates fixes, il buvait une gorgée d'alcool avant d'écrire un article. Mais vers la soixantaine, il cessa de fumer et ne but plus que de l'eau. L'abandon du tabac ne lui coûta pas.

— Le goût de fumer m'a quitté comme il m'était venu. Ma première cigarette me fut offerte vers mes dix-huit ans par une actrice du théâtre Montparnasse. C'est vous dire que c'était une véritable actrice. Elle roula cette cigarette elle-même et l'effleura du bout de sa langue. Je dus la fumer. Cela me parut exécrable. Mais j'avais commencé. Eh bien, ma dernière cigarette m'a paru aussi détestable que la première. J'ai cessé sans effort.

Il lui en coûta davantage d'abandonner l'usage des liqueurs et du vin. Et, avant de se mettre à l'œuvre, il avait remplacé le petit verre d'alcool par un morceau de sucre, qui lui procurait la même excitation.

Quoi qu'il en soit, il avait conservé jusqu'à la fin de sa vie cette faculté d'écrire d'abondance après une préparation minutieuse. Il ne faut pas oublier qu'il produisit trois de ses grands romans, *L'Ile des Pingouins*, *Les Dieux ont soif*, *La Révolte des Anges*, entre soixante-cinq et soixante-dix ans. Je l'ai vu, pendant ses dernières années, écrire des discours ou de longs articles de journaux, en quelques heures. Et lorsqu'il écrivit *Le Petit Pierre*, à près de soixante-quinze ans, il apporta à ses éditeurs un texte si copieux, qu'ils l'engagèrent à en réserver une partie qui formerait le début d'un second volume. Telle fut l'origine de *La Vie en Fleur*.

On sait qu'Anatole France était loin d'avoir le fétichisme de l'orthographe. Il jugeait qu'on lui donnait, à dessein, beaucoup trop d'importance.

— Elle asservit les humbles, elle leur prend démesurément du temps. Et surtout elle crée des castes. Ceux qui la savent dominent ceux qui ne la savent pas.

Pour montrer qu'on attache trop d'importance à l'orthographe dans les examens, il racontait cette anecdote :

— M. d'Haussonville s'intéressait à une jeune fille qui passait un examen. Elle fit des fautes dans sa dictée, qui était de Taine. M. d'Haussonville fit recommencer la dictée par Taine, qui fit plus de fautes que la jeune fille.

Et comme on lui citait le cas d'une fillette qui venait d'échouer au certificat d'études sur une dictée d'Anatole France, il déclara qu'il n'aurait pas mis l'orthographe mieux qu'elle.

On connaît les idées d'Anatole France sur

le style. Il les a résumées, notamment, dans une étude sur Stendhal, écrite à la fin de sa vie. Pour lui, la plus haute époque du style, c'est le xviie siècle. Le grand modèle, c'est Bossuet. Bien qu'il fût encore enthousiaste de la forme de Rousseau, bien qu'il eût d'évidentes affinités avec Voltaire et Diderot, il ne plaçait le xviiie siècle qu'au deuxième rang.

A partir de Louis XVI, la décadence de la langue s'accélère. Dès la Restauration, c'est le désastre. Thiers fut le plus détestable des écrivains français. Les hommes qui avaient gardé le culte du bon style furent contraints, comme Paul-Louis Courier, de se composer un langage artificiel. Seul, à cette époque, Stendhal garde un style spontané.

Plus tard, on demande l'originalité à de patientes recherches de mots, de tournures, de syntaxe. Anatole France déclarait qu'il s'était toujours refusé à se créer par de tels moyens un langage factice, qu'il restait partisan du style spontané, malgré l'inconvénient de ne disposer que d'un vocabulaire restreint. « Mon vocabulaire est pauvre », disait-il.

Aussi était-il d'avis que le journalisme, qui contraint à aller vite et droit à l'expression juste, qui développe la spontanéité, est une bonne école de style.

L'Académie.

Aux souvenirs que j'ai pu rassembler sur les livres d'Anatole France, je joindrai ceux qu'il m'a donnés sur l'Académie.

Ce fut Ludovic Halévy qui prit l'initiative de sa candidature. On sentait qu'Anatole France l'avait beaucoup aimé, beaucoup écouté. Il citait de lui des traits qui restaient à ses yeux des enseignements.

— Un jour, racontait-il, je demandai à Ludovic Halévy, alors au déclin de l'âge, pourquoi il avait renoncé au théâtre. Il me répondit : « J'en ai fait le serment dès ma jeunesse. Ma première pièce avait réussi. Un directeur m'en demandait une autre. Pendant que j'en discutais avec lui le sujet, on lui apporte une carte. Il dit : Faites attendre. Nous bavardâmes encore une heure. En prenant enfin congé, je vis par hasard le nom du visiteur qui faisait antichambre : Scribe! Scribe, qui avait joui dans le monde du théâtre d'un prestige sans pareil, mais Scribe vieilli. De ce jour-là, je jurai de ne pas me mettre dans le même cas. »

Quand Ludovic Halévy l'engagea à se présenter à l'Académie, Anatole France marqua quelque hésitation.

— Alors Halévy usa d'un petit stratagème. Une demande écrite était nécessaire. Il me dit : « Donnez-la-moi. Je ne l'enverrai que lorsque je jugerai le moment venu. » Naturellement, il l'envoya tout de suite.

Il était engagé. Un moment, toutefois, il fut tenté de retirer sa candidature. C'est un souvenir qu'il me conta sur une place d'Arles, devant la statue de Mistral. Il me dit, en me montrant le bronze :

— Il n'a pas été très gentil pour moi. Quand je me présentai à l'Académie, le bruit courut que Mistral se présentait aussi. Je lui écrivis que s'il était candidat, je m'effacerais devant lui. Il me répondit une lettre assez maussade, où il me laissait entendre qu'il n'avait jamais songé à se présenter à une Académie où l'on ne parlait que le français.

Anatole France commença donc ses visites. Le mathématicien Joseph Bertrand lui conta ses impressions d'examinateur à Polytechnique. « Quand j'interroge un candidat, je ne l'écoute jamais. Que peut-on savoir de mathématiques au bout d'un an ou deux? Mais je le regarde. S'il a de l'assurance et du sang-froid, j'estime que ce sera un chef. Et je lui donne une bonne note. »

Joseph Bertrand avait consacré une Etude à Descartes.

— Pour le flatter, disait Anatole France, je me lançai dans un parallèle où je louai, avec une égale abondance, et Descartes et lui-même. Mais je faisais fausse route, car je m'aperçus bientôt qu'il méprisait Descartes.

J'ai déjà cité le langage grandiloquent de M. de Vogüé : « Monsieur, tout, dans vos écrits, choque mes croyances. Mais le génie est un don de Dieu. Je méconnaîtrais la volonté divine en ne votant pas pour vous. » Anatole France

1794.

19	février	1 Ventôse
20		2
21		3
22		4
23		5
24		6
25		7
26		8
27		9
28		10
1	Mars	11
2		12
3		13
4		14
5		15
6		16
7		17
8		18
9		19
10		20
11		21
12		22
13		23
14		24

Une page du Calendrier républicain qu'Anatole France établit sur 700 jours, pour *Les Dieux ont soif.*
Il avait utilisé les pages blanches d'un catalogue de ses gravures, également de sa main,
dont on voit ici un spécimen, à l'envers.

ajoutait : « Naturellement, il n'avait jamais rien lu de moi. »

Henri de Bornier lui avoua franchement qu'il voterait pour Francis Charmes, directeur de *La Revue des Deux Mondes*. Car il collaborait à cette revue : « Cela me paye ma provision de bois pour l'hiver. »

Le matin de l'élection, Anatole France rencontra Jules Simon dans les jardins du Luxembourg : « Vous êtes candidat? lui demanda l'académicien. Je voterai pour vous. Mais je ne souhaite pas que vous soyez élu. Car je ne sais pas d'exemple qu'un homme supérieur soit élu la première fois. »

— Il avait dû, disait Anatole France, se présenter plusieurs fois.

Malgré le vœu de Jules Simon, Anatole France fut élu la première fois. Il remplaçait Ferdinand de Lesseps.

— En ce temps-là, expliquait-il modestement, les élections s'arrangeaient d'avance, à l'amiable. La droite devait voter pour moi, à la condition que, la prochaine fois, la gauche voterait pour Costa de Beauregard.

Il avait un vieux camarade que l'envie ravageait : « Il vomissait le fiel à pleines cuvettes », disait Anatole France. Cet homme, vert de jalousie, lui demanda après l'élection :

— N'est-ce pas, que ça ne te fait pas plaisir ?

Anatole France répondit simplement :

— Mais si, puisque je l'ai demandé.

On voit, à la *Petite Béchellerie*, un dessin de Gyp qui commémore l'élection d'Anatole France. En habit vert et noir, l'épée au flanc, il est entouré de ses héroïnes.

— Remarquez, disait-il, que Jeannette la Vielleuse, de *La Reine Pédauque*, est plus rapprochée de moi que la comtesse Martin, du *Lys rouge*. Cela signifie, dans la pensée de Gyp, qu'elle est plus près de mon cœur. Et c'est ma foi vrai. Quant à l'épée qu'on me voit là, elle me fut offerte par un de mes amis. Je m'aperçus, non sans stupeur, qu'elle portait une inscription gravée : *Consulat de Bolivie*. Elle était d'occasion.

Ludovic Halévy l'avait mis en défiance contre le milieu académique :

— Quand vous serez de l'Académie, mé-
fiez-vous. Il y a là des gens qui n'ont aucun
talent et il n'y a rien de plus redoutable, de
plus néfaste, que l'académicien sans talent.

Le jugement d'Anatole France était plus
nuancé d'indulgence :

— L'Académie, c'est une réunion de gens
de valeur très inégale, qui se croient tous des
gens de grande valeur. Aussi prennent-ils de
leur assemblée une opinion considérable. Et
ils en sont intimidés. C'est le secret de leur
politesse. Oh! pour ça, c'est le milieu le plus
poli du monde.

A l'entendre, c'était aussi le milieu le plus
conservateur. La partie qu'on nomme la
gauche de l'Académie n'était guère plus li-
bérale que la droite.

— Mieux vaut, disait-il, que la gauche soit
la minorité. Car on peut supposer qu'elle est
opprimée, étouffée par la droite et qu'elle n'a
pas les mêmes idées. Mais qu'elle devienne
la majorité et l'on s'apercevra qu'il n'y a rien
de changé.

Il raillait aussi cette institution des prix de

vertu « qui accorde cinq cents francs à des ser-
viteurs qui ont abandonné leurs gages pendant quarante ans, c'est-à-dire cent fois davantage ».

Il gardait cependant, de quelques lointaines
séances, de joyeux souvenirs. Un jour, on
travaillait au dictionnaire. On discutait le
mot Anneau. Anatole France était à côté du
poète Henri de Bornier. Il pensa que l'auteur
de *La Fille de Roland* n'avait lu ni Rabelais,
ni les *Contes* de La Fontaine, qu'il ignorait
L'Anneau d'Hans Carvel et la singulière bague
que se met au doigt le bonhomme endormi
près de sa femme. Il s'étonna donc tout bas
qu'on ne donnât pas, dans les exemples, l'Anneau d'Hans Carvel. Son voisin tomba ingénument dans le piège et proposa tout haut de
citer le fameux Anneau. Ses collègues, pudi-
bonds, le réprouvèrent en silence. En sortant, ils murmuraient entre eux : « Il boit. »

Mais Anatole France cessa d'assister aux
séances à dater de l'Affaire Dreyfus. Elle avait
cassé le pays en deux et provoqué des milliers
d'intimes ruptures. Anatole France s'était

fâché, en particulier, avec Paul Deschanel. Jusque-là, ils étaient très liés. En d'interminables promenades nocturnes dans Paris, Deschanel lui contait ses scrupules amoureux. Mais survint l'Affaire...

— A ce moment-là, racontait Anatole France, il m'invita à dîner à la Présidence de la Chambre. Je lui répondis une lettre fort sèche, où je lui déclarais que je ne m'assiérais pas à la table d'un parlementaire qui laissait Dreyfus à l'île du Diable et qui ne faisait pas tout pour l'en tirer.

Leur brouille dura plus de quinze ans. L'Affaire les avait séparés. La Guerre les rapprocha.

— Pendant la guerre, continuait Anatole France, je me laissai attirer à une manifestation en faveur de l'Italie, à la Sorbonne. On forma un cortège avant de passer sur l'estrade et l'on me mit à côté de Deschanel. Je crus devoir lui tourner un compliment de cour sur sa façon de présider. Je lui dis, je crois, qu'il était aussi difficile d'être l'arbitre des partis que l'arbitre des élégances. Alors il m'ouvrit

les bras en me disant : « As-tu fini de te foutre
de moi, Anatole? »

Anatole France ne retourna à l'Académie
que pendant la guerre, afin de voter pour les
candidats à qui il avait promis sa voix.

La dernière fois qu'il assista à une élection,
je l'accompagnai jusqu'à l'Institut. C'était
l'automne. Il pleuvait. Dans une petite cour,
d'une humidité verdâtre de citerne, dix autos
d'académiciens étaient alignées. Les chauf-
feurs discutaient entre eux des mérites de leurs
voitures. Ils formaient leur petite académie.
La séance fut rapide. Bientôt les « Immortels »
sortirent. Devant la porte, je comptai une
vingtaine de personnes : dix policiers, sept
photographes, et trois curieux.

Poincaré était alors premier ministre. Quand
il sortit, les dix policiers tombèrent à coups de
poing, avec une brutalité incroyable, sur les
sept photographes et les trois curieux, afin
d'ouvrir une large brèche au Président du Conseil. Tout chafouin sous un petit feutre gris, il
fonça furieusement et s'engouffra dans une prodigieuse auto, qui tenait du bolide et du salon.

Les policiers se désintéressèrent absolument des autres Immortels. Tous se composaient des airs détachés devant les objectifs. Il y en avait à qui la joie, l'orgueil « d'en être », donnaient de la jeunesse, des ailes. Les maréchaux, en redingote, passèrent inaperçus, comme des chefs de bureau qui ont fini leurs heures de ministère. Anatole France sortit le dernier. En voiture, il me conta la séance.

— C'est déprimant, dit-il. Il y a des moribonds qui se font traîner jusque-là. Le secrétaire perpétuel n'en a pas pour huit jours. Il est effrayant. Et ces prélats, qui s'appliquent à perdre leur onction, à se donner des airs de vieux militaires...

Il me parla des maréchaux. L'un était naïf et charmant. Un autre, correct. Un troisième lui dit qu'il l'aimait, qu'il l'admirait, qu'il le lisait et il ajouta : « Vous ne serez jamais aussi antimilitariste que moi, car moi je connais les militaires. »

Il me conta enfin que Poincaré, le précédant dans une galerie, avait ralenti afin de s'effacer devant lui à la prochaine porte. Ils avaient

lutté de courtoisie. Poincaré lui avait dit, dé-
férent et péremptoire : « En vous cédant le
pas, je sais ce que je fais. »

Et Anatole France, en me rapportant ce
mot, ajoutait :

— Parbleu, oui, il sait ce qu'il fait : il veut
que je n'écrive pas sur lui des choses trop dé-
sagréables.

Mon cher Caillaux ;

Un parti qui ~~a conduit la France~~
~~à sa perte~~ n'a pu ~~ni~~ empêcher
la guerre ni la terminer ~~aussi~~
avant la ruine du pays ~~mais~~
~~trop puissant encore~~ s'abattre ~~sur~~
~~vous~~ ~~et~~ ~~par la plus insigne des~~
~~contre condamnations~~ d'une peine
~~sur l'honore~~ le grand citoyen
qui a ~~sauvé~~ vaincu l'Allemagne

en 1911 sans qu'il en coûtât une goutte
de sang à la France.

La haine de vos ennemis s'est
grandie. Je vous serre la
main ~~en toute~~

—

~~mon cher~~ mortel, je vous félicite de votre
lettre j'ai désiré, et j'espère pouvoir ~~très~~
bientôt vous serrer la main. Nous parlerons
de notre ami Sachs ~~qui ne cessa de~~
que je regrette beaucoup. Ci contre, pour Caillaux
une lettre de mon ami Corday
et une lettre de moi

Brouillon de la lettre adressée par Anatole France à Joseph Caillaux,
dès le jugement de la Haute-Cour.

OPINIONS

———

I

L'AVENIR

Anatole France avait foi dans l'avenir. Il a prêché les temps meilleurs. Pour lui, l'espèce humaine évoluait, comme l'individu, de l'enfance à la vieillesse. Mais elle n'avait pas encore atteint sa maturité. Avant de disparaître, elle avait donc encore le temps d'améliorer les conditions sociales de son existence, de réaliser une vie plus juste, plus douce et plus belle.

Toutes ses généreuses et libres opinions sur le gouvernement, l'armée, la justice, se déploient déjà dans *Jérôme Coignard*. Cinq ans plus tard, l'Affaire Dreyfus devait les affermir

et les préciser encore. Cette grande crise nationale fut, en effet, pour beaucoup d'hommes,
une crise individuelle. Si elle sépara passagèrement le pays en deux, elle révéla les êtres à
eux-mêmes. Poussé par un besoin de justice,
Anatole France se jeta dans la lutte et dans la
vie. Malgré sa timidité, son manque d'éloquence,
il aborda la tribune, il affronta la foule, pour
convaincre, pour gagner des cœurs, pour se
donner. En même temps, chaque semaine,
ses *Bergeret* cinglaient ses adversaires d'une
ironie implacable et délicieuse.

Je le rencontrai à cette époque, chez d'ardents « dreyfusards », dans un dîner. Il était
encore en pleine maturité, déjà en pleine
gloire. Pendant la soirée, tous les convives
eussent voulu l'entendre sur l'Affaire. Mais
l'usage parquait alors les femmes au salon,
les hommes au fumoir. Les invités ne se
trouvèrent réunis que dans l'antichambre,
dans le branle-bas d'un départ général. Une
voix risqua : « Que dirait M. Bergeret ? » Anatole France répondit de bonne grâce, naturellement. Et, pendant un grand quart d'heure,

les femmes dans leurs longs manteaux du soir,
le visage encadré de dentelles, les hommes en
pardessus, le chapeau à la main, écoutèrent
M. Bergeret.

Depuis cette époque jusqu'à sa mort, que
de fois il devait, dans son amour de l'équité,
se porter aux côtés d'une victime de l'injustice et de la réaction, tantôt pour la défendre,
tantôt pour la consoler, au risque de partager
les injures dont elle était accablée... Que de
fois il a protesté contre une sentence inique,
que de fois il a pu en atténuer les rigueurs...

On ne l'a pas toujours su. Pendant la guerre,
il a sauvé la vie de petits soldats condamnés
à la fusillade par une injustice sommaire. Et
combien d'hommes, sortant de la geôle ou
rentrant d'exil, sont venus d'abord frapper à
sa porte et lui rendre grâces d'avoir intercédé
pour eux...

Souvent aussi, il dut intervenir publiquement. Pendant la guerre encore, il défendit son
ami Rappoport, dont le procès caractérise
bien la folie d'une époque : un soir d'alerte,
dans une cave, il avait tenu des propos « dé-

faitistes » qu'un de ses voisins avait patrioti-
quement dénoncés. Anatole France témoigna
en sa faveur. Et Rappoport, qui l'adorait à
l'égal d'un dieu, se félicitait d'une poursuite
qui lui avait valu d'être défendu par Anatole
France.

Victor Margueritte, dans son livre intitulé
Au Bord du gouffre, s'était permis de criti-
quer, non pas même la guerre en soi, mais la
façon dont on l'avait conduite. Il s'était attiré
de puissantes haines militaires, qui durent
s'exercer lorsqu'une hypocrite pudibonderie
s'émut des audaces de *La Garçonne*. Anatole
France prit ouvertement sa défense. Il me
l'annonçait dans une lettre : « J'ai écrit pour
Margueritte une plaidoirie que j'aurais voulu
éloquente. Elle est sincère. Les cléricaux com-
mencent leur nouveau règne et il y a maintenant autant d'hypocrisie en France qu'ailleurs... » Je considère cette plaidoirie comme
un chef-d'œuvre et Victor Margueritte l'a très
justement publiée en tête des récentes éditions
de son livre.

Le jour même où Joseph Caillaux fut frappé

par une sentence aussi monstrueuse que l'ac-
cusation portée contre lui, Anatole France lui
écrivit cette lettre :

Mon cher Caillaux,

*Un parti, qui n'a pu ni empêcher la guerre
ni la terminer avant la ruine du pays, veut écarter du pouvoir, par la plus inique des condamna-
tions, le grand citoyen qui a vaincu l'Allemagne en 1911 sans qu'il en coûtât une goutte
de sang à la France.*

*La haine de vos ennemis vous grandit. Je
vous serre la main.*

ANATOLE FRANCE.

Mais il ne se borna pas à ce témoignage. Il
cherchait une occasion de défendre publiquement Joseph Caillaux. A son retour de Suède,
où il avait reçu le prix Nobel, la Ligue des
Droits de l'Homme lui offrit un banquet. C'est
là qu'il dénonça hautement l'iniquité dont il
prit soin de souligner tous les traits. Il se félicitait de cette intervention. Il convenait qu'elle
pouvait être efficace. Il me disait :

— Oui, c'est plus important d'attacher le grelot que de l'agiter ensuite...

En maintes circonstances solennelles, il a crié son besoin d'équité, sa foi dans des temps meilleurs, éclairés par plus de justice. Aux funérailles d'Emile Zola, rappelant le rôle décisif du puissant écrivain dans l'Affaire Dreyfus, il disait : « Il a déterminé un mouvement d'équité qui ne s'arrêtera plus. »

C'est là, devant ce cercueil couvert de roses dont des mains ferventes recueillaient les pétales comme des reliques, c'est là qu'il tint à regretter tout haut ses injustes critiques de l'œuvre de Zola. Noble geste, dont bien peu d'hommes eussent été capables, et qui est tellement de lui, et qui le silhouette si bien. Il dit dans son discours : « On fit parfois au puissant écrivain (je le sais par moi-même) des reproches sincères, et pourtant injustes. » Une foule fanatique, haineuse, contenue aux portes du cimetière, hurlait à la mort. Et j'entends encore, parmi ces clameurs lointaines, ces paroles qu'il laissa tomber d'une voix lente et grave : « Je le sais par moi-même. »

Un an après, il parlait devant la statue de Renan, à Tréguier. La journée était encore houleuse. Bien plus tard, il se rappelait, en souriant, les menaces suspendues sur la cérémonie :

— On craignait que les curés de village, les *recteurs*, n'amenassent leurs gars pour manifester. On dit à Berthelot que le général avait pris des dispositions. L'excellent Berthelot s'effara des mesures prises par un militaire et qui ne pouvaient être que belliqueuses. Et il courut bien vite y susbtituer des moyens pacifiques.

Son discours, bien digne de celui dont il célébrait la mémoire, où il prête à Pallas Athéné un langage si clairvoyant et si pur, s'achève encore par un acte de foi dans l'avenir : « Lentement, mais toujours, l'humanité réalise les rêves des sages. »

Et c'est encore parce qu'il avait besoin de plus de justice qu'il était ardemment intéressé au sort des travailleurs. Il souffrait de l'iniquité du salariat, de l'inégalité des conditions, des excès du luxe et de la misère, de l'arbi-

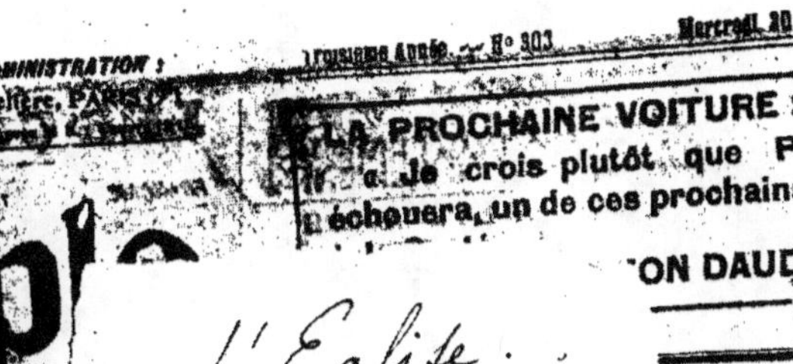

Un des dossiers constitués par Anatole France
pour ses Dialogues intitulés *Sous la Rose.*
Ils étaient enveloppés dans des journaux d'octobre 1918.

traire d'une loi si dure aux faibles, si douce aux forts.

Son goût inné de la mesure et de l'harmonie s'offensait également de ces choquantes oppositions et venait seconder, dans sa généreuse rébellion, son amour de la justice. On peut remarquer, en effet, que ces pénibles contrastes ont disparu dans le monde qu'il imagine dans ses divers essais d'anticipation, et que, dans sa cité future, on vit surtout « en harmonie ».

D'ailleurs, un penchant naturel le portait vers les artisans. J'ai dit, en esquissant une de ses journées, sa prédilection pour ses laborieux amis tourangeaux, ses longs entretiens avec les ouvriers qui travaillaient à la Béchellerie où il s'instruisait et les enseignait tour à tour. Il les jugeait au moins aussi intéressants que les privilégiés du sort.

Il n'avait pas du tout le sentiment d'une hiérarchie entre les êtres, fondée sur la fortune, les titres, les professions prestigieuses. Il n'avait pas plus de respect pour les grands que de dédain pour les petits. Pour lui, vraiment l'échelle sociale était une échelle horizontale.

Il avait le don de se mettre tout de suite au niveau de ceux qu'on appelle les humbles, de trouver les mots qui les touchaient, de leur donner confiance. Après la guerre, il avait séjourné quelques semaines à l'Hôtel des Réservoirs, à Versailles. Il avait pris l'habitude de bavarder chaque jour avec une vieille marchande de journaux, installée en plein air, devant l'hôtel. Quand il repassa par là, un an plus tard, elle le reconnut tout de suite, lui fit fête et se mit à lui raconter ses petits malheurs, ses rhumatismes, la récente maladie de son grand fils... On eût dit qu'ils s'étaient quittés la veille.

Il avait de ces petites attentions pour les déshérités de toutes sortes. Dans les hôtels de la Riviera, de pauvres artistes obtiennent de faire, en soirée, un tour de chant ou de prestidigitation. Ils gagnent péniblement leur vie. On a pu voir, parmi ces errants, une « fine diseuse » de soixante-quinze ans. Lorsqu'il était à Antibes, Anatole France ne manquait jamais, après la séance, d'aller vers eux, de les féliciter, de les interroger sur leur vie. Il était bien le seul.

Et les travailleurs ne s'y trompaient pas. Ils sentaient son active sympathie. Ils la reconnaissaient à leur façon. Un jour, il aidait un tapissier à accrocher des tableaux, villa Saïd. A chaque cadre, il lui faisait une petite confidence : « Tenez, j'ai acheté ce dessin-là cinq sous. J'étais pauvre... » Ou encore : « Ce Virgile, comme je l'ai aimé, tant que je n'ai pas pu l'acheter. » Il voulut glisser un pourboire à l'ouvrier, le travail fini. Mais cet homme lui dit, un peu brusquement : « Il y a quelque chose qui me ferait plus plaisir : c'est que vous me donniez une poignée de main. »

Quand il visitait une usine, un atelier, tous les visages s'éclairaient sur son passage, tous les regards brillaient de ferveur. Les ouvriers d'une grande fabrique d'automobiles voulurent même lui offrir une voiture : le patron fournirait la matière première et tous donneraient quatre heures de travail. Le projet fut abandonné, mais il n'en reste pas moins significatif.

Pendant la guerre, il se décida à restaurer la villa Saïd. L'entreprise paraissait impossible :

les industries du bâtiment avaient pour ainsi
dire disparu. Mais les difficultés furent apla-
nies par les ouvriers eux-mêmes. « Il est des
nôtres », disaient-ils.

— Bien oui, expliquait Anatole France.
Ils ont décidé qu'ils allaient faire ça pour
moi. Ça les touche qu'un vieux bourgeois soit
de leur parti.

Tous les corps de métier furent exacts au
rendez-vous. Et, tracée sur le plâtre encore
humide, Anatole France put lire en plusieurs
endroits sa propre phrase : « L'union des travailleurs fera la paix du monde. »

— Elle n'est d'ailleurs pas de moi, ajou-
tait-il. Elle est de Karl Marx. Je n'ai fait que
la traduire. Mais elle est si belle qu'on n'a pas
voulu l'attribuer à un Allemand. On a décidé
qu'elle ne pouvait être que d'un Français.

Impatient d'améliorer le sort des travailleurs, il était d'accord avec les partis politiques qui poursuivent cette émancipation.
Il leur prêtait largement son concours. Fut-il
inscrit passagèrement à l'un de ces groupe-
ments ? Ceux-là mêmes qui s'employèrent à

l'enrôler ne sont pas affirmatifs sur ce point. Au surplus, sa silhouette déborde de tels cadres. Le certain, c'est qu'il proclamait avec force la nécessité présente d'être « extrémiste ».

— Lorsqu'on a accepté une doctrine, il faut l'accepter jusque dans ses dernières conséquences. Lorsqu'on s'est rangé à un parti, on doit être à sa pointe, parce qu'elle est la plus proche de l'avenir et la plus éloignée des compromissions, parce que le gros de la troupe finira par rejoindre la tête ou bien se laissera absorber par les forces de l'arrière. Dans le chaos actuel, il faut choisir. Il faut être pour la réaction ou pour la révolution.

Cette nécessité de choisir, il l'exprimait aussi en boutade :

— La république bourgeoise, qui n'a de la République que le nom, est pire que tout. Ne voulant pas retourner à la monarchie, j'ai dû aller au socialisme.

Il jugeait la révolution inéluctable. Déjà, il avait ouvertement applaudi la révolution russe de 1917. Elle était pour lui la juste revanche de celle de 1905, si durement broyée,

et dont il avait déploré, en dix occasions pu-
bliques, le sanglant échec.

Un moment, il crut qu'elle éclaterait en
France en mai 1920, lorsque la grève générale
fut déclarée et que les cheminots réclamèrent
la nationalisation des chemins de fer.

Il disait alors :

— Je commence à croire à la révolution.
Elle a déjà trouvé sa devise. Et c'est très important. Toutes les révolutions ont eu leur mot
d'ordre. Pour la Révolution de 89, c'est le
mot fameux de Siéyès sur le tiers état. La
révolution de 1830 s'est faite au cri de « Vive
la Charte! » Celle de 48 réclamait l'adjonction
des capacités. Cette fois-ci, la formule est heureuse et bien faite. C'est la nationalisation.
Les travailleurs entendent exploiter eux-
mêmes les services publics et sans doute aussi
les grosses industries. Ils se proposent de
choisir les techniciens nécessaires, non plus dans
une seule caste et d'après leurs seuls diplômes,
mais selon leur valeur et leur mérite vérita-
bles. Bref, ils veulent participer à la direction de ces grandes entreprises.

« Cette idée de participation marque l'étape nouvelle. La société a dû successivement remplacer l'esclavage par le servage, le servage par le salariat. Nous sommes dans un moment de transformation analogue. Bon gré, mal gré, le salariat devra céder la place à la participation.

« Les forces révolutionnaires ne sont pas très nombreuses. Il faut naturellement exclure la grande et la petite bourgeoisie, et même le monde paysan. Il ne faut pas non plus compter sur les ouvriers de la petite industrie, qui ne sont pas organisés et qui restent dominés par leurs patrons. Restent, en somme, les ouvriers de la grande industrie. Et ils n'ont pas d'autres armes que la grève. Mais les révolutions ont toujours été faites par des minorités. Qu'est-ce qu'une révolution? Une minorité qui veut devenir une majorité. Mais cette minorité est enveloppée, opprimée par la majorité. De là vient justement sa force explosive. »

Il ajoutait encore :

— Je ne crois pas que cette transformation s'opère dans la violence. Elle n'est pas nécessaire. Songez donc que si l'on réalisait simplement le collège pour tous, il s'ensuivrait, dans le peuple, en quelques années, une métamorphose prodigieuse, sans pareille.

« Toutes les révolutions ne sont pas sanglantes. Nous sommes encore nourris de souvenirs classiques et nous nous représentons volontiers les séditions selon le modèle pompeux que nous en ont laissé les historiens latins. Cependant, j'entrevois des risques de désordre. Si les dirigeants du mouvement révolutionnaire étaient emprisonnés, la masse, sans tête et sans frein, ne se connaîtrait plus. Autre risque : des hommes au pouvoir, affolés par la peur et croyant encore sauver la patrie, pourraient rêver d'une répression sanglante, exemplaire, qui leur permettrait, par surcroît, d'imposer aux travailleurs vaincus des journées plus longues et de moindres salaires...

« Mais je ne veux pas m'attarder à de telles craintes. Je le répète, la métamorphose peut s'opérer sans violence. Mais elle est la seule issue à une situation en apparence inextricable. »

Il ne cachait pas sa sympathie pour ce mouvement naissant. Il l'avait même aidé. Le 2 mai 1920, on lui annonça qu'on avait promené la veille, sur les boulevards, un placard qui reproduisait, en gros caractères, la proclamation qu'il avait donnée au groupe *Clarté*. La presse réactionnaire s'en indignait. Au contraire, il en paraissait enchanté :

— Mais puisque je leur ai dit d'en faire ce qu'ils voulaient...

Et cependant, cette révolution, dont il souhaitait l'essor, aurait nui gravement à ses propres intérêts. J'ai déjà cité ce trait, que je dois rappeler ici, tant il signifie bien la ferme sincérité de ses convictions.

A ce printemps 1920, tout ce qu'il possédait était réuni à la Béchellerie. Mais la villa Saïd étant restaurée, il résolut d'y transporter les plus précieux, les plus délicats de ses livres, de ses meubles et de ses tableaux, qui semblaient souffrir du climat de Touraine. Or, le wagon de déménagement, ainsi chargé de ses biens les plus aimés, était précisément en route quand éclata la grève des cheminots. Où était-il, entre Tours et Paris? Impossible de le savoir. En cas de troubles, ce wagon, perdu sur une voie de garage, eût été exposé à tous les risques : vol, pillage, incendie.

Anatole France le savait bien. Et pourtant, de minute en minute, il continuait d'appeler, de souhaiter, de guetter, d'aider le triomphe de cette révolution, qui allait peut-être lui coûter le fruit d'un demi-siècle de labeur.

Jusqu'à ses derniers jours, Anatole France devait rester fidèle à sa cause, à cette profession de foi où il avait proclamé que « le socialisme est la conscience du monde, et que la lutte de classe ne se terminera que par la disparition des classes ».

II

LA RELIGION

Toutes les opinions d'Anatole France sont exprimées dans ses livres. Le rôle de ceux qui l'ont connu consiste à montrer qu'il fut fidèle à ces opinions dans sa vie, qu'il mit d'accord ses actes et ses doctrines.

On retrouve ses opinions religieuses dans toute son œuvre. Il les a résumées dans ses Entretiens sur l'existence de Dieu qu'il esquissa à la fin de sa vie et qui prennent, de ce fait, une valeur de testament. Il s'y montre fermement athée.

Deux mois avant sa fin, il me confia ses dernières pages, où figurent ces dialogues sur l'existence de Dieu, et il me chargea de les publier. Elles parurent un an juste après sa mort. J'avais à cœur de dénoncer l'insupportable injustice de certains de ses adversaires. Je saisis cette première occasion. Je m'élevai particulièrement, dans mes commentaires, contre la légende de son scepticisme. Je montrai, par des faits, la ferme continuité de ses grandes convictions. Ainsi, au point de vue religieux, je rapportai les propos qu'il tenait dans la sérénité de l'âge, et son attitude aux approches de la mort.

Souvent, en effet, dans ses dernières années, la voix pensive et lente, il affirmait son athéisme.

— Oui, certainement, je suis athée. J'ai bien réfléchi. Aujourd'hui, au-dessus d'un certain degré d'intelligence, on ne peut pas penser autrement. Je ne crois pas au dualisme dans la nature. J'estime que la même loi régit tous les êtres et que rien ne survit plus de l'homme que des autres créatures.

« Napoléon, qui était très intelligent, le sentait bien. Après une chasse, on dépeça un chevreuil devant lui. Et la vue des viscères lui inspira cette réflexion, qu'un organisme par

tant de points analogue au nôtre ne pouvait
pas avoir un sort différent.

« Nous n'avons même pas de mérite à avouer
notre athéisme. Mais faites attention : cela
est nouveau. Si l'on conserve des doutes sur
l'athéisme d'un Voltaire, d'un Diderot, c'est
qu'à cette époque-là, on ne pouvait pas affirmer
impunément ses convictions. Etre simplement
réformé, cela vous fermait le mariage, le monde.
Etre athée, cela vous exposait à des peines
perpétuelles. Le chevalier de la Barre, accusé
d'avoir mutilé un crucifix, fut décapité, puis
brûlé sous Louis XV, il y a cent cinquante ans.
Même aux époques où la religion était souveraine, il y avait autant d'incrédules qu'aujour-
d'hui. Seulement, ils se montraient moins. »

Tantôt son incroyance s'exprimait avec une
involontaire solennité, tantôt elle jaillissait
dans une boutade ·

— Nous avons déjà bien assez de devoirs.
Pourquoi avoir imaginé les devoirs envers Dieu,
qui n'existe pas?

Ou encore :

— Les hommes ont fait de lui un personnage

odieux. Comment peut-on prier un être aussi antipathique?

Les notes qu'il avait amassées pour ses derniers Dialogues contenaient des pensées sur Dieu, d'une concision terrible, comme celle-ci : « L'impuissance de Dieu est infinie. » Ou cette autre, qu'il avait écrite au verso d'une enveloppe et que je n'ai pas fait figurer dans ses dernières pages, où il dit de Dieu : « L'onanisme est tout son amour. »

Il inclinait à penser que Jésus n'avait pas existé. Il rappelait volontiers, à propos du Christ, comment l'imagination des hommes enfante les dieux et lentement les métamorphose : d'abord ce sont des invisibles, de pures créations de l'esprit; puis ils prennent des traits humains; et enfin ils descendent sur la terre.

Et, en même temps, il s'intéressait du plus près à cette religion qu'il refusait si fermement de croire. Il avait poussé très loin la connaissance de son art, de son histoire, de ses textes.

Quand il arrivait dans une localité quelconque, il ne manquait jamais d'en visiter l'église. Certaines l'enchantaient. Rien qu'en France, je l'ai vu ravi, ému, à Martigues, à Sainte-Trophime d'Arles, à Chartres. En 1920, il voulut s'arrêter à Melun tout exprès pour revoir un vitrail qui représente Jésus en jardinier et qu'il avait admiré en 1871. Il le chercha dans trois églises. A vrai dire, il fut déçu. Il ne retrouva pas son émotion de jeunesse. Il jugea le vitrail décoloré. Puis il sourit :

— Il est du XVIe siècle. Ce n'est pas lui qui a changé en cinquante ans. C'est moi.

Toutefois, il n'admirait pas pleinement l'art chrétien. Il en déplorait souvent la tristesse. Parfois, lorsqu'il visitait une église, il s'écriait, même avant d'en être sorti :

— Que cet art chrétien est donc triste!

Ou encore :

— C'est décidément un grand malheur que cette religion ait régné pendant tant de siècles sur la France.

Sa prodigieuse érudition théologique, que reflètent tant de ses récits, découlait chez lui d'un goût naturel. L'influence d'une mère pieuse, l'éducation d'un collège demi-religieux, l'avaient sans doute mis sur la voie. Mais il avait fait, de lui-même, tout le chemin. Comme il le rappelait, « il n'avait commencé d'apprendre qu'après avoir achevé ses études ».

Il se flattait de bien connaître les religions, lui qui n'aimait guère se vanter. Je me rappelle certaine controverse, autour d'une table de thé, avec un israélite qu'il avait interrompu soudain :

— Ah! Vous n'allez pas m'apprendre votre religion?

Et de la célébrer aussitôt :

— Elle était très belle. Rappelez-vous Ezéchiel : « Les peuples monteront sur la montagne d'Iaveh, les glaives deviendront des socs de charrue, les lions chemineront près des agneaux... »

Mais sa connaissance profonde de la religion ne lui servait qu'à la mieux discuter, à mieux en dévoiler les faiblesses ou les desseins. Par exemple, il prenait le texte du *Pater* et il en démontrait plaisamment, mot par mot, l'absurdité. Que de fois il a dénoncé les périls dont

1. Deux pensées d'Anatole France, notées par lui au revers d'une enveloppe.

2. Son *Ex libris*.

3. Un jeton de présence à l'Académie.

ACTA SS. CONGREGATIONUM

SUPREMA SACRA CONGREGATIO S. OFFICII

I

DECRETUM

DAMNANTUR OPERA OMNIA SCRIPTORIS « ANATOLE FRANCE »

Feria IV, die 31 maii 1922

In generali consessu Supremae S. Congregationis Sancti Officii, Emi ac Rmi Dni Cardinales in rebus fidei et morum Inquisitores Generales, praehabito DD. Consultorum voto, decreverunt: « Opera omnia auctoris *Anatole France*, ad praescriptum Codicis I. C. can. 1399, 2°, 3°, 6°, 8°, 9°, prohiberi ipso iure, eaque in Indicem Librorum prohibitorum inserenda esse ».

Insequenti vero feria v, die 1 iunii eiusdem anni, Sanctissimus D. N. Pius divina providentia Papa XI, in solita audientia R. P. D. Assessori S. Officii impertita, relatam sibi Emorum ac Rmorum Patrum resolutionem approbavit, confirmavit et publici iuris fieri praecepit.

Datum Romae, ex aedibus Sancti Officii, die 2 iunii 1922.

Aloisius Castellano, *Supremae S. C. S. Off. Notarius.*

II

DECRETUM

INTIMATUR EXCOMMUNICATIO IN SACERDOTES ADHUC PARTICIPES DAMNATAE SOCIETATIS « HDNOTA » ATQUE PROSCRIBITUR EIUSDEM NOMINIS COMMENTARIUM PERIODICUM.

Quum certis auctoribus non sine gravi moerore Suprema haec Sacra Congregatio Sancti Officii, fidei morumque integritati tutandae praeposita, compererit praescriptiones contra schismaticam quorumdam e 'l'che-

Décret de mise à l'Index de l'ensemble de l'œuvre d'Anatole France (1922).

ANATOLE FRANCE.   13

l'Eglise menace l'Etat... Quatre ans avant sa mort, en 1920, quand la Loi de Séparation parut en danger, il jeta encore publiquement l'alarme. Car il pénétrait les patients intérêts de l'Eglise, « qui se flattait, par un nouveau Concordat, de reprendre insensiblement le gouvernement des mœurs et de ramener à la longue le bras séculier à l'obéissance ».

De même, il était très bienveillant pour les prêtres. La plupart des figures d'abbés qu'il a peintes dans son œuvre sont sympathiques, malgré leurs travers. S'il n'avait pas du tout, comme on l'a prétendu, l'onction, ni l'allure, ni les manières des ecclésiastiques, il prenait plaisir à leur conversation. Mais il a toujours échappé à leur empire.

Il aimait raconter une entrevue avec un prêtre qui passe pour avoir ramené à Dieu bien des âmes indécises.

— Lorsque j'eus perdu une personne qui m'était chère, cet abbé vint me voir et fit luire à mes yeux l'espoir de la retrouver dans un monde meilleur. Je l'interrompis : « Prendrons-nous le café au lait ensemble, le matin? Pour moi, c'est le meilleur moment de l'amour. »

— Et que répondit l'abbé?

— Il partit découragé.

Tous devaient partir découragés... Les choses de la religion inspiraient à Anatole France une curiosité de chartiste, une curiosité d'antiquaire. Elles séduisaient son esprit. Elles n'ont jamais touché son cœur.

Jusqu'à ses derniers jours, il citait certain passage de Lucrèce, comme d'autres récitent leur prière : « Qu'est-ce donc que la mort et que nous importent ses terreurs, si l'âme doit périr avec le corps? Etions-nous sensibles aux troubles de Rome, dans les siècles qui ont précédé notre naissance?... Eh bien, quand nous aurons cessé de vivre, nous serons de même à l'abri des événements, ou plutôt nous ne serons plus, et les débris mêlés du ciel, de la terre et de la mer ne pourront réveiller en nous le sentiment. »

— Jamais, disait-il, on n'a exprimé avec tant de force le retour au néant.

Le retour au néant... Telle fut sa ferme conviction, que rien ne devait ébranler, ni les séductions de la religion, de son art, de son histoire, de ses prêtres, ni l'épreuve redoutable où tant d'âmes fléchissent, l'approche de la mort.

III

LA GUERRE

Anatole France, après Pascal, Voltaire, Rousseau, Lamartine, Victor Hugo, a honni la guerre.

Mais il a assisté à une guerre qu'aucun de ses prédécesseurs n'avait pu même soupçonner. Il a parlé du haut d'une accumulation d'horreurs sans pareille. Car cette guerre était, de loin, sans exemple. Pour la première fois, des nations armées, en régime de service obligatoire, s'entre-choquaient. Pour la première fois, dans chacune d'elles, tous les hommes valides étaient immédiatement mobilisés. Pour la première fois, soixante millions de combattants étaient jetés les uns contre les autres et devaient laisser dix millions de tués sur le

terrain. Pour la première fois, la moitié de
la planète entrait en guerre...

Voilà précisément ce dont il s'effare dès
le début : l'ampleur excessive, monstrueuse,
d'une lutte où tant de peuples allaient prodiguer démesurément leurs forces.

Certes, il savait mieux que personne que la
guerre avait été longtemps inhérente à la vie
des peuples et que l'ère des armes n'était pas
close. Il l'avait souvent reconnu dans ses livres,
même dans ses discours aux foules pacifistes.
Mais au spectacle de cette lutte sans pareille,
il disait :

— Les rois faisaient jadis, avec des armées
de métier, des guerres mesurées, selon leurs
moyens. Cette fois, ce sont des nations armées
qu'on jette à la fournaise.

Il rappelait une anecdote, tirée des Mémoires
de Laporte, le valet de chambre de Louis XIV.
Pendant la Fronde, le jeune roi et son frère
sont transportés une nuit à Saint-Germain.
On les installe en hâte dans deux lits jumeaux.
Au matin, les deux enfants se battent. Ils
échangent des égratignures, des crachats, pis

encore. Mais leurs ressources épuisées, ils cessent la lutte.

— Eh bien, voilà l'image des guerres passées. On la faisait avec ses moyens. On ne les dépassait pas. On ne fait pas la guerre avec les moyens qu'on n'a pas.

Il est curieux de constater que son sens inné de la mesure l'ait d'abord averti de la folie d'une lutte dont les répercussions devaient, pour un temps indéfini, accabler également vainqueurs et vaincus.

Plus la guerre se prolongeait, plus elle l'opprimait. Aucun des siens n'était exposé. Il était à l'âge où l'on s'endurcit d'ordinaire au malheur d'autrui. Et pourtant nul homme ne souffrit autant de la guerre en soi. Il imaginait sans cesse l'horreur vraie des tranchées. Il en était hanté.

Et puis, il était atteint dans ses plus chères croyances. Sa foi dans le destin de l'humanité vacillait. Il soupirait :

— Les hommes se battront-ils donc toujours?

Il s'indignait de la résignation générale à

une guerre longue. Il en cherchait les causes :

— D'abord, il y a la censure, la propagande. Le gouvernement et la presse traitent le pays comme une mère traite son enfant qui vient de tomber sur la tête : « Mais non, mais non, tu n'as pas de bobo. Ce n'est rien. » Et puis, bien des femmes sont satisfaites d'être séparées de leur mari. C'est une des grandes causes de la durée de la guerre. Les campagnes sont heureuses, car elles vendent bien.

« Enfin, il y a les hauts salaires ouvriers. C'est l'âge d'or. On est ébloui par l'abondance apparente, par tout ce papier monnaie dont on a la main pleine. On ne réfléchit pas que les dépenses augmentent au moins autant que les gains. On se masque la diminution vraie de la vie : le repas plus sobre, le vêtement moins durable. Et je ne parle pas des profiteurs... Bien des gens se souviendront de la guerre comme d'une partie de plaisir. Il n'y a que le front qui soit pacifiste.

Il disait du soldat :

— Il a trois soucis : la faim, l'amour et la mort. La faim est satisfaite chez des paysans

à qui l'on donne tous les jours de la viande,
arrosée de vin. L'extrême fatigue a tué chez
eux l'amour. Quant au danger, il est intermit-
tent. Et chacun se flatte d'y échapper. Enfin,
il y a l'attrait des récompenses et la crainte
d'être fusillé.

A propos de cette constante menace de la
fusillade, il dit un jour :

— Je m'étonne que l'on glorifie l'héroïsme
de gens que l'on force à être des héros.

Et son inquiétude grandissait encore à mesure que se dissipaient la fièvre et le trouble du
début. Car il commençait à voir clair. Il dis-
cernait que de grandes rivalités marchandes,
à l'ombre des drapeaux, avaient déchaîné le
cataclysme. Ne l'avait-il pas prédit lui-même,
dix ans plus tôt, dans une page de son livre
Sur la Pierre blanche ? « L'ère est ouverte des
grandes guerres pour la souveraineté indus-
trielle... C'est le canon qui fixera les tarifs,
établira les douanes, ouvrira et fermera les
marchés. » Et il tremblait qu'on ne prolongeât
le massacre jusqu'à ce que ces énormes convoitises fussent assouvies.

Il souffrit plus encore lorsque s'ouvrit l'ère
de ces procès où l'on jetait des traîtres en
pâture à l'opinion publique, où l'on poursui-
vait, pêle-mêle et comme à dessein, de troubles
aventuriers et d'innocentes victimes de leur
opinion. Il disait des juges :

— Ces gens-là trouvent toujours le criminel
et jamais le crime.

Ce qui l'affligeait et le stupéfiait plus que
tout, c'était cette haine de la paix dont on avait
intoxiqué la foule. On avait souillé le mot de
tant de honte qu'il était devenu un objet d'horreur. On n'avait pas le droit de le prononcer
publiquement, de l'imprimer même. Des gens
qu'il avait connus doux, humains, repoussaient
indéfiniment la paix, sans vouloir considérer
qu'ils décrétaient ainsi de nouvelles morts, de
nouvelles ruines et peut-être l'irréparable épui-
sement de leur propre pays.

Dans l'un de ces moments où l'on sentait
passer « une menace de paix », un vieil employé
de librairie, un fragile et menu septuagénaire
l'avait interrogé, tremblant de la tête aux pieds:
« Dites, dites, monsieur France, on ne va pas

faire la paix? » Et une jeune femme avait crié
devant lui, les mains jointes et la face horri-
fiée : « Oh! Oh! Peut-être le jour de mon anni-
versaire, cette chose abominable, la paix! »

Dans cette atmosphère de massacre et de
folie, il étouffait. Il aurait voulu hâter la fin
de la tuerie, le retour à la raison, se libérer.
Mais que faire?

Dès les premiers jours de la guerre, il avait
appris à ses dépens ce qu'il en coûtait d'exprimer sa pensée lorsqu'elle n'était pas orthodoxe.
Je rappellerai l'incident, bien qu'il soit connu.

On sait combien Anatole France admirait
les Romains et particulièrement la paix qu'ils
avaient imposée au monde entier. Il répétait
volontiers la formule de cette paix romaine :
« Ils voulaient que leurs ennemis vaincus devinssent leurs amis. » Il s'en inspira donc dans
une déclaration que lui demandait un journal,
au début des hostilités. On la retrouve presque
mot pour mot : « Nous ne souillerons notre
victoire d'aucun crime... Nous proclamerons
que le peuple français admet dans son amitié
l'ennemi vaincu. »

Mais dans le délire qui s'était emparé de toutes les âmes, la seule pensée d'un rapprochement après la victoire apparut sacrilège. Elle n'était pourtant que prophétique. On l'accabla d'outrages. Consterné par tant de furieux fanatisme, il voulut attester sa foi civique, en donner une preuve sensible. Il tenta de s'engager. Mais il avait soixante-dix ans...

Cette inique violence l'avait tellement affecté qu'il l'évoqua jusqu'à la fin de sa vie. Trois mois avant sa mort, la dernière fois qu'il reçut M. Caillaux à sa table, il revint sur ce souvenir :

— Il m'arrivait, disait-il, cent lettres d'injures par jour.

M. Caillaux, qui avait éprouvé toute l'injustice humaine, apprécia en connaisseur :

— Cent... C'est beaucoup.

Il était dépassé.

Jusqu'à sa fin, Anatole France défendit sa déclaration de 1914. Il a dit, dans un de ses derniers articles : « J'ai écrit, au début des hostilités, sur la nécessité d'une paix prompte et humaine, une page qui m'honore et pour laquelle je fus couvert d'invectives. »

Mais cet incident l'avait brutalement averti que, dans la folie universelle, on ne pouvait plus exprimer de sentiments humains.

Cependant, plus la guerre se prolongeait, plus il sentait le besoin de hâter la paix, afin qu'elle intervînt avant la ruine. Mais comment jeter ce cri d'alarme et de pitié?

Il cherchait, pendant des nuits d'insomnie. Vainement. D'abord, il se croyait guetté, près d'être inquiété. On avait su jeter la suspicion sur tous les pacifistes.

— Dans leurs rangs, disait-il, des hommes très propres, très purs, se trouvent mêlés à des intrigants qui tirent quelque argent des gouvernements ennemis en leur vendant une influence surfaite, de vains services. Il y a aussi des agents provocateurs. Cette promiscuité est gênante, dangereuse. Dans un coup de filet, on confondrait à dessein les bons et les mauvais.

Sa crainte d'être surveillé de près était justifiée. Clemenceau avait dit à un de leurs amis communs : « Je l'admire. Mais s'il dit un mot de trop, je l'arrête. » On ne lui rapporta cette menace qu'après la guerre. Mais il l'avait pressentie. Et elle l'opprimait.

Pourtant, un moment, il entrevit une lueur d'espoir. Il avait presque gagné à sa cause le directeur d'une feuille à très gros tirage. Cet homme convenait de la nécessité d'éclairer l'opinion, d'en finir. Il promit de créer à côté de son puissant journal, farouchement orthodoxe, une seconde feuille où la raison, l'humanité, pourraient faire entendre leur voix. Si la tentative réussissait, on ouvrirait peu à peu le grand journal aux rédacteurs de la feuille pacifiste. Mais le projet fut abandonné...

La guerre durait. Alors Anatole France écrivit à des hommes politiques de ses relations, même à ceux qui, tout haut, se déclaraient partisans d'une guerre longue, d'une paix dure, mais qui, tout bas, ne décourageaient pas ses espérances.

— Si ceux-là traitent, disait-il, au moins on ne les accusera pas d'avoir conclu une paix prématurée.

Il envisagea d'adresser une lettre ouverte à Léon Bourgeois, ou au président Wilson, à

Poincaré même! Mais, pour être efficace, une telle lettre devait être connue du pays, être répandue à profusion. Or, aucun journal, aucun éditeur n'auraient pu la publier, à moins que, par un miraculeux hasard, elle n'échappât à la censure.

Dans ses dernières années, Anatole France se reprochait parfois de ne pas s'être exilé pendant la guerre, afin de recouvrer sa liberté d'action. Il s'accusait à tort. De quelque point de la terre que fût partie sa lettre, elle n'aurait pas paru en France. Et c'était là l'essentiel. Encore une fois, la censure veillait.

Et il ne faut pas oublier qu'elle supprimait tout propos défavorable à la guerre, à sa prolongation. C'était son but capital, sa raison d'être. Matériellement, elle ne laissait même pas imprimer le mot « paix ». Elle vous contraignait à n'être pacifiste que d'intention.

Et ce fut seulement après l'armistice qu'Anatole France put proclamer son exécration de la guerre. Il n'y manqua pas. En 1919, il disait aux instituteurs, réunis en congrès à Tours : « Mes amis, faites haïr la haine. » Quatre ans plus tard, il répétait à une délégation de femmes américaines : « D'ores en avant, haïssez la guerre d'une haine inextinguible. Haïssez-la en contemplant ses ruines; haïssez-la en la voyant dans les ornements du triomphe, avec les palmes de la Victoire. Que votre haine lui soit mortelle. Tuez-la. »

Toute occasion lui était bonne de jeter l'anathème à la guerre. La femme d'un libraire de Cannes lui demandait une pensée d'album. Il écrivit : « La guerre est un crime que n'expie pas la victoire. » Et Brieux, toujours acquis aux causes généreuses et passant par là quelques jours plus tard, contresignait : « Bravo, cher et grand Maître. »

Dans un article de journal, il résumait en une frappante formule le rôle capital de ces grandes rivalités marchandes qu'il avait dénoncées quinze ans plus tôt : « On croit mourir pour la patrie : on meurt pour des industriels. »

Il traquait partout cet esprit de guerre et déplorait que le traité de paix en fût tout imprégné. En Suède, où il avait été recevoir le prix Nobel, il prononça ces courageuses et pro-

Groupe pris aux environs de la Béchellerie, en 1922.

De gauche à droite : Mme Jacques Lion; Mme Anatole France; Mme Michel Corday;
Anatole France; Michel Corday; Lucien Psichari.

Stockolm. 16 déc..
1921

Cher ami,

Nous vivons, dans une nuit
qui ne cesse pas, au bord
d'un bras de mer, où
volent les mouettes, chez
un peuple hospitalier. J'y
ai prononcé de très simples
paroles qui ont, me dit-on,
déplu à la presse de Paris.
J'en serais content si elles
ne vous ont pas déplu.
Bri..co et moi disons des
choses tendres aux gens de
Sorbonne

Anatole France

Dans cette lettre, qu'il m'écrivit de Suède, où il avait été recevoir un Prix Nobel, Anatole France fait allusion au discours
pacifiste qu'il a prononcé là-bas.

ANATOLE FRANCE.   14

phétiques paroles : « La plus horrible des guerres a été suivie d'un traité qui ne fut pas un traité de paix, mais la prolongation de la guerre. L'Europe en périra si, enfin, la raison n'entre pas dans ses conseils. »

Il s'effarait que la Société des Nations, enfantée par ce traité, fût à sa naissance si chétive, si squelettique. Il disait :

— Ceux qui ont fait la Société des Nations ne croyaient pas à la Société des Nations.

Il croyait, lui, à l'Europe Unie. Ses derniers discours, ses derniers articles, se terminent souvent par cette adjuration : « Soyons de bons Européens. »

Il avait tellement foi dans le triomphe définitif d'une Société des Nations, vraiment intronisée, qu'à l'entendre, elle n'aurait même pas besoin de s'appuyer sur une police internationale. Il disait que les peuples se soumettent plus aisément au droit que les individus et que la Cour de cassation n'avait pas eu besoin de la force pour imposer au pays, par deux fois, ses arrêts dans l'Affaire Dreyfus.

Il convient de marquer ici que ce sens européen s'alliait, chez Anatole France, à un très vif amour du sol natal. Ces deux sentiments ne s'excluent pas du tout. Pas plus que ne s'excluent le pacifisme et le patriotisme. Ce sont là des vérités qui devraient être évidentes. Elles le sont si peu qu'on ne les répétera jamais trop.

Anatole France sentait bien que l'idée de patrie obéirait à cette loi d'évolution qui régit la planète elle-même et tout ce qui vit sur elle. Il écrivit encore après la guerre :

« On peut espérer qu'après les associations qui lièrent successivement les familles, les tribus, les provinces, les patries, les plus grandes patries, les hommes feront les Etats-Unis du monde. »

Mais il croyait aussi que cette idée de patrie subsisterait longtemps, très vive et très tendre, dans le cadre de vastes fédérations. Seulement, il l'imaginait, cette patrie, accueillante, expansive, à la fois aimante et aimée, échangeant librement ses produits avec l'univers entier et s'unissant à lui par des liens rayonnants, sans cesse plus nombreux.

Aussi réprouvait-il un nationalisme farouche, agressif et mystique, qui tendait au contraire à s'isoler, à s'enfermer dans une carapace hérissée de pointes, et qui lui apparaissait comme un durcissement morbide, une sclérose du patriotisme.

— Mais ce n'est qu'une crise, qu'un moment, disait-il. Le patriotisme hargneux est une invention toute récente. Ainsi, pendant les guerres de la Première République, la femme d'un général autrichien donnait le ton dans la haute société parisienne : de nos jours, on l'aurait enfermée dans un camp de concentration. Les reines, qui pourtant faisaient souche de rois, étaient pour la plupart étrangères. Et, actuellement, si le Président de la République suivait l'exemple de Louis XIV, de Louis XV, de Louis XVI, de Napoléon Ier et de Napoléon III, s'il épousait une étrangère qui pourtant ne serait rien dans l'Etat, il serait obligé de cacher son origine, à tout prix.

Il aimait sa patrie pour elle-même et non pas contre les autres. Mais il l'aimait bien. On ne le redira jamais assez : nul n'était plus

attaché que lui à la terre natale, vers qui l'inclinaient « les forces invincibles et douces du
sentiment et de la raison ». Il aimait ses sites,
ses monuments, qui lui rappelaient le labeur, les
peines et les joies des générations disparues.
Et il a exprimé cette subtile tendresse dans
des pages incomparables, dispersées dans ses
livres. Réunies, ces feuilles éparses compose-
raient le manuel de patriotisme le plus sensible,
le plus aimable, le plus vrai.

Anatole France n'a pas entrepris ce travail.
Mais il a voulu grouper les pages qu'il avait
écrites sur la guerre, depuis 1914. Il commença
de parler de ce projet au printemps 1924.
Mais quand il dut s'aliter, au mois d'août,
il comprit qu'il ne le réaliserait pas. Alors,
avec une émouvante fermeté, il traça le plan
de l'ouvrage, précisa les points à mettre en
lumière et les textes à supprimer.

Car six ans avaient passé depuis la fin de la
guerre. Non seulement la fièvre était tombée,
mais l'ignorance, lentement, se dissipait. On
avait publié des mémoires, des pamphlets,
surtout des documents diplomatiques, en par-

ticulier ceux qu'avaient mis au jour les révolutions russe, allemande, autrichienne. Par exemple, la fable officielle, d'une simplicité puérile, ne masquait plus les origines du conflit : elles apparaissaient dans leur troublante complexité.

Mais, sous ces coups de lumière, Anatole France restait surtout frappé par la prolongation démesurée du massacre. Certaines offres de paix, au cours de la guerre, se révélaient vraiment sérieuses et sincères. Notamment celle de l'Autriche, présentée en 1917 par le prince Sixte de Bourbon. Le livre où le prince conte, jour par jour, sa tentative, laisse bien l'impression qu'on aurait pu, à cette époque, arrêter la tuerie, éviter la ruine finale, si d'inexorables convoitises, qui craignaient de n'être pas encore satisfaites, ne s'y étaient pas sourdement opposées.

Et les dernières paroles d'Anatole France sur son projet d'ouvrage résument bien ce jugement : « Il faut terminer en montrant que le plus grand crime de la guerre fut dans sa prolongation. »

Enfin, il voulait écarter de ce recueil certaines pages qu'il réprouvait. Il les qualifiait durement, et même crûment. Il les avait écrites, notamment au profit d'œuvres charitables, sous l'empire de cette exaltation contagieuse qui avait d'abord gagné tous les peuples en guerre, tous également soulevés d'horreur et d'indignation, tous également maintenus dans l'ignorance.

Bien peu d'hommes ont échappé à ce délire collectif, au début. Beaucoup, au contraire, souriant amèrement de leur frénésie, de leur crédulité première, ont peu à peu révisé leur jugement sur la guerre dans le secret d'eux-mêmes.

Mais Anatole France voulut reconnaître publiquement son erreur. Il obéissait au même sentiment de généreuse franchise que jadis, lorsqu'il avait tenu à se reprocher bien haut, devant le cercueil d'Emile Zola, ses injustes attaques.

Cette fois, c'est dans un article de Revue qu'il se libéra, en 1923. Lorsqu'il l'eut achevé, il dit :

— J'ai fait mon *mea culpa*. Cela me soulage.

Dans cet article, on peut lire cette phrase : « Je me laissai aller même à faire de petits discours aux soldats vivants ou morts, que je regrette comme la plus mauvaise action de ma vie. »

Projet d'illustration par Anatole France,
pour sa nouvelle intitulée *la Caution*.

$$IV$$

L'AMOUR

On a consacré au moins un livre (1) aux opinions d'Anatole France sur la femme et l'amour, d'après son œuvre. Ici comme ailleurs, je n'entends rapporter au contraire que ses propos d'arrière-saison.

Naturellement, il n'était guère plus prodigue de confidences personnelles sur ce point que sur d'autres. Il l'était un peu plus, cependant.

Quand il évoquait ses premiers souvenirs galants, il déplorait surtout son extrême timidité, qui étouffait son ardeur secrète et le jetait dans les pires entreprises :

— J'ai eu des aventures effroyables avec

(1) *Anatole France et la Femme*, par Mme Lahy-Hollebecque.

de vieilles dames qui tombaient en pamoison
dès que je leur faisais le plus petit compliment et dont je n'osais plus m'affranchir, par
timidité.

Incidemment, il avouait de légères fredaines.
Comme on parlait devant lui de la Légion
d'honneur :

— Je fus décoré assez jeune. Aussi, je traînai
mon ruban dans les mauvais lieux. Une femme
me dit : « Je connais ce ruban-là. Mon frère,
qui est couvreur, a le pareil ». C'était une mé-
daille de sauvetage. Je me gardai bien de la
détromper.

(Il s'agit, en effet, d'une aventure de jeunesse. Car Anatole France avait renoncé à
porter une décoration dès l'Affaire Dreyfus,
où le Conseil de l'Ordre avait radié Zola. Depuis cette époque, il avait décliné toute pro-
motion.)

On sentait qu'au cours de sa longue vie,
il avait beaucoup aimé l'amour. Il n'était
pas resté le débutant timide et voluptueux. La
gloire lui avait donné de l'assurance et valu
d'heureuses fortunes. Certaines étaient no-

toires. Mais quel amour avait-il aimé ?

A propos de la jalousie, il me confia un jour :

— Je ne peux pas dire que je n'ai jamais été amoureux. Mais je n'ai jamais connu le grand amour.

Et, pour bien montrer qu'il avait toujours ignoré les tourments de la passion amoureuse, il ajouta :

— Je ne suis pas jaloux. Non. Je n'ai jamais éprouvé la jalousie.

Je ne cachai pas ma surprise. Quoi? Il ignorait la jalousie? Comment avait-il pu en peindre avec tant de force les furieux transports dans *Le Lys rouge ?*

— Ah! oui, reprit-il. Vous me rappelez une circonstance de ma vie où j'ai été jaloux. Sans l'être autant que mon héros, bien entendu.

Après une pause :

— Mais c'était exceptionnel. Non, je n'ai jamais connu le grand amour.

Le grand amour... C'est l'amour romantique, l'amour idéal, éternel, où les êtres se dépassent eux-mêmes, atteignent au sublime et s'y maintiennent jusqu'à la mort. On ne le connaît jamais tout à fait pour soi-même. Mais on imagine que les autres l'ont peut-être connu... Aussi Anatole France n'en niait pas l'existence. Mais il y croyait peu.

Il était, au contraire, très frappé par la place que la volupté avait occupée de tout temps dans la pensée des hommes. Un soir, il feuilletait une collection de gravures qui représentaient, très agrandis, d'audacieux camées antiques. Et il murmurait, en hochant la tête :

— Décidément, on n'a rien inventé depuis les Romains.

Sur l'attrait exercé par de telles images, il disait encore :

— J'avais, comme tous les bibliophiles, un « Enfer », composé de volumes illustrés de gravures scabreuses. Eh bien, je n'ai pas pu en garder un seul. On m'a tout pris.

Il ne s'en étonnait pas. Il reconnaissait le rôle capital du plaisir dans l'amour. Ses affinités avec le xviiie siècle s'affirmaient particulièrement dans sa conception d'un amour plus voluptueux que sentimental, plus séduisant que tragique.

A propos des définitions de l'amour, il racontait cette anecdote qui rappelle le ton léger du xviiie, bien qu'elle soit contemporaine. Dans un salon littéraire, chacun avait donné, sur une feuille volante, une définition de l'amour. Renan avait écrit : « L'amour est un ruisseau qui reflète le ciel. » Clemenceau, qui déchiffrait les petits papiers, lut : « L'amour est un ruisseau qui reflète le... » Il s'arrêta et dit : « Je lis : c, u, l. » Renan rectifia vivement son texte. A quoi Clemenceau : « Voilà ce que c'est, mon cher Renan, de ne pas mettre les points sur les i. »

Quand il parlait de l'amour, c'était presque toujours d'un amour d'abord voluptueux. Par exemple, c'est de ce point de vue qu'il blâmait la nature :

— Elle a mal arrangé les choses de l'amour. Elle en a mal placé les organes. Elle a été à l'économie. Vraiment l'être humain est mal conformé pour cet exercice. C'est une duperie.

Ou bien, déplorant les modes du passé :

— Il y a trente ans, les modes féminines

étaient bien cruelles pour les amants. Les robes avaient quatre-vingts boutons...

C'est encore de ce point de vue qu'il disait :

— Parmi toutes les femmes que l'on connaît dans une vie, il y en a tout juste une qui soit la perfection.

Et il expliquait sans ambages les mérites exacts de cette femme parfaite, puis les défauts des autres, trop abondantes de-ci, ou trop étriquées de-là. Quelquefois, entre hommes, il tenait de ces libres propos où il usait du mot cru. Je me rappelle, comme un chef-d'œuvre de piquante audace, certaine petite conférence sur les femmes du XVIIIe, qui ne s'en remettaient qu'à elles-mêmes du soin de leur plaisir. Il y avait même ajouté quelques aperçus sur les temps modernes.

Parce que l'amour était, avant tout, « une affaire physique », il s'indignait des mariages arrangés. Citant Erasme et Thomas Morus, il s'écriait que c'était affreux de faire coucher ensemble des gens qui s'ignoraient et qui pouvaient se découvrir, trop tard, tant de raisons de mutuelle répugnance.

Comment des unions si follement conclues n'eussent-elles pas mal tourné? Aussi plaignait-il peu les époux trompés et parlait-il plaisamment de l'adultère. C'est ainsi qu'il donnait une version fantaisiste de l'histoire du Christ et de la femme adultère. Le Christ dit, en montrant la malheureuse écroulée au pied du mur : « Que celui qui n'a jamais péché lui jette la première pierre. » A ce moment, un homme s'avance, brandissant un énorme pavé. La foule s'émeut. Quoi? Serait-il donc sans péché? Non. Mais c'est le mari.

Si Anatole France attachait tant de prix aux grâces de la forme dans l'amour, c'est sans doute qu'il avait, de tout temps, « senti avec vivacité la beauté des femmes ». Il l'a souvent écrit. Il disait même que, dans sa jeunesse, les jolies femmes le médusaient tellement qu'il ne courtisait que les laides.

Ses vues sur la beauté des femmes étaient d'ailleurs très larges. Il n'en fixait pas un type unique, dans des traits immuables. Il disait :

— Si j'étais un scarabée, j'aimerais une

Anatole France dans les bois de Larçay, où fut assassiné Paul-Louis Courier,
aux environs de la Chavonnière.
la ferme de Paul-Louis, qu'Anatole France a bien souvent visitée.

scarabée. Il n'y a donc pas *une* beauté.

Faisant, là comme ailleurs, le tour des choses, il ajoutait même que cette beauté n'était pas toujours nécessaire aux amoureuses. Il en donnait pour preuve l'histoire de la femme la plus laide de France.

— Un homme disait à l'un de ses amis : « Moi, je suis sûr de ne jamais être cocu. Car j'ai épousé la femme la plus laide de France. » L'ami regarde la femme, lui sourit, surprend dans ses yeux une lueur pleine de promesses, lui fait la cour et devient son amant. Jamais il n'avait été si bien servi. Ce fut la meilleure affaire de sa vie.

Il reconnaissait aussi que certaines femmes, qui avaient pourtant reçu le don de la beauté, n'aimaient pas l'amour. Il le déplorait. Il citait des exemples historiques. Il possédait si bien ses personnages, qu'il vous donnait toujours l'impression d'avoir vécu à leur époque et de les avoir connus. Et il vous confiait :

— Mme de Sévigné ne faisait pas l'amour. Elle aurait pu faire l'amour. Mais, comme beaucoup de femmes, elle n'aimait pas ça.

Toutefois, il se gardait de généraliser. Il savait bien que, pour la plupart, le plaisir est un bienfait qui leur est dû, qu'il est « la clé d'or » de la vie à deux. On disait d'une femme devant lui :

— Elle en a assez de son mari.

Il répliqua :

— Dites qu'elle en a trop peu.

Il ne s'indignait pas de la coquetterie des femmes, puisqu'elles semblent avant tout destinées à plaire, à se parer, à séduire, puisqu'elles sont un aimable piège tendu par la nature. Mais il ne cessait pas de s'en étonner.

— Plus les femmes avancent en âge, plus elles sont coquettes. Un jour, une dame de soixante-cinq ans, partie en promenade sous un chapeau parfaitement ridicule, me dit en rentrant : « Je devais être en beauté aujourd'hui, car tous les hommes me regardaient. »

Il soutenait aussi que les femmes avaient une faculté d'oubli particulière. Il ne manquait pas une occasion de l'affirmer. Un jour, je m'étonnai devant lui que les paysans, si étroitement traditionnels, se fussent si vite habitués à acheter et à vendre leur bétail cinq ou six fois plus cher qu'avant la guerre. Il plaça vivement :

— Mais il y a des phénomènes d'adaptation bien plus rapides. Voyez la mode. Chaque saison, la femme change de silhouette... et de cœur.

Pour lui, la femme avait en propre ses qualités et ses défauts, aussi bien le dévouement qu'une perfide malice. Même aux lumières de la physiologie moderne, la femme, soumise à son sexe, lui apparaissait profondément différente de l'homme. Il ne jugeait ni possible, ni souhaitable, qu'elle fît les mêmes choses que lui. Ainsi, bien qu'il se fût tant de fois porté à l'extrême pointe de l'opinion, bien qu'il fût un des pionniers de l'avenir, il n'était pas féministe, au sens intégral et combatif du mot.

Il est juste toutefois de constater que, dans ses anticipations de *L'Ile des Pingouins* et de *Sur la Pierre blanche*, la femme est tout à fait affranchie. Si elle n'est pas l'égale de l'homme, elle est son « équivalente ». Pour lui, la sagesse était là, dans une nouvelle répartition des tâches, selon les aptitudes.

Cependant, il ne voyait pas uniquement dans la femme une fugitive compagne de plaisir. Loin de là! Et il lui fut donné de connaître, pendant de longues années, le bienfait d'une tendresse féminine tout embellie d'intelligence. Elle avait marqué sa vie d'une empreinte profonde. Même dans ses dernières années, il ne laissait guère passer de jour sans y faire quelque allusion (1).

Au contraire, pendant douze ans, je ne l'ai jamais entendu parler de son premier mariage. Peut-être parce qu'il en avait tout dit dans les *Bergeret.*

Malgré tout, il ne croyait guère à l'amour « livresque », à l'amour immuable. Sa pensée vraie sur ce point, il me la dit un matin où nous étions assis sur le banc de pierre de « Mme Elisabeth », devant la Béchellerie. Une chatte blanche s'avançait à pas comptés sur le gazon. Elle était pleine.

— Cette bête, pour défendre ses petits, lutterait contre un tigre. Et puis, quand on va les

____

(1) Mme Pouquet a très délicatement montré cette influence dans son livre *Le Salon de Mme de Caillavet.*

lui enlever, elle n'en perdra ni le boire ni le manger. Elle ne semblera même pas s'en apercevoir. Même l'amour maternel a ses sommets, ses chutes. L'amour, c'est des moments...

Des moments... Mais de beaux moments tout de même, qui avaient étoilé sa vie, bien longtemps. Car il avait reculé les bornes ordinaires de la vieillesse.

Un jour d'après-guerre, on parlait devant lui d'un ancien président du Conseil qui avait beaucoup aimé les femmes et qui, à soixante-deux ans, se plaignait de ne plus pouvoir le leur prouver. Alors, l'œil brillant, avec un claquement des doigts :

— Ah! s'écria-t-il en souriant, si j'avais encore mes soixante-deux ans...

L'heure où sonna pour lui la vieillesse véritable, il l'a indiquée lui-même dans les ébauches de ses derniers Dialogues : « Pour les uns, la vieillesse s'annonce longtemps avant sa venue par des signes précurseurs. Elle surprend les autres. A soixante-quinze ans, je ne l'attendais pas encore. Elle était proche pourtant. »

Dans la retraite que lui imposait l'âge, il

continuait de se plaire dans la société des jeunes femmes, de leur tenir un langage galant. Il feignait de les pousser vers l'aventure :

— Avec de la prudence, on n'arrive à rien. Il faut commettre des imprudences...

— Mais vous me donnez de mauvais conseils !

— Bah ! La nature vous en donnera bien d'autres...

Il disait à l'une d'elles :

— Je vous fais la cour.

— Et quand je ne suis pas là ?

— Je la fais aux autres.

Mais ce n'était plus que badinage. Il avait accepté cette première mort comme il devait accepter l'autre, avec un tranquille courage. Il disait :

— On croit qu'on ne pourra pas accepter une vie sans amour. Et puis, on l'accepte tout de même. On se console en lisant un vieux livre un peu léger, à la place...

Parfois, il avouait bien une révolte, un regret. Au retour d'une élection académique, il disait dans un salon :

— Ah! dame, quand on se présente à l'Académie, on renonce aux femmes.

Et tout bas :

— On n'y renonce jamais.

Remous de la pensée. Il fut plus vrai, il montra mieux le fond de sa souriante sagesse, ce jour où il évoquait d'ensemble les bontés qu'on avait eues pour lui. Dans sa mémoire se profilait toute sa vie amoureuse, la timide montée, le long palier, le brusque déclin. Et il soupira d'un ton pénétré, mais sans amertume :

— C'était bien amusant...

J'aurais voulu éviter de revenir sur les derniers jours d'Anatole France. Mais, parmi ses
amis et ses proches, on m'affirme qu'il est nécessaire, pour ceux qui s'intéresseront plus
tard à sa mémoire, de fixer certains détails, si
pénibles qu'ils soient. J'essaierai donc, le plus
sobrement.

Le 4 octobre 1924, je fus rappelé à la Béchellerie, que j'avais quittée depuis dix jours, par
un télégramme de Lucien Psichari, le petit-fils
d'Anatole France. A la même date, je recevais
une lettre de son médecin ordinaire : « Nous
entrons dans la période des grands délabre-
ments. »

C'était la fin. Il succombait à l'âge et à
l'artério-sclérose. Il avait, depuis quatre ans,

HOTEL DU CAP D'ANTIBES
ANTIBES ·A·M·

Dimanche

Cher ami,

il m'est toujours pénible de ne pas vous voir ; mais, en ce temps de crime et de folie, c'est pour moi une cruelle privation. Je suis allé chercher un peu de soleil pour me guérir d'une grippe obstinée. Le premier jour de mon retour à Paris, qui est proche, j'irai vous voir.

Mes hommages très affectueux à Madame Corday. Mes amitiés à vos chers enfants.

À vous toute la tendresse de mon vieux cœur

Anatole France

Le temps de crime et de folie dont parle Anatole France est celui de la guerre. La lettre est du début de 1918.

surmonté de petites atteintes. Depuis dix-huit mois, il se plaignait d'une douloureuse névrite à la main gauche. Au début de cette année 1924, à Paris, il avait traversé une crise inquiétante. Mais il en avait encore triomphé.

Au mois de mai, il avait pu assister à la fête du Trocadéro où l'on célébrait ses quatre-vingts ans. Debout au bord de sa loge, pâle, amaigri, mais très droit, il avait encore remercié chaque orateur : « Il faut faire la paix ou bien on ne nous pardonnera jamais », avait-il répondu à François-Albert. Et aux étudiants : « Mes enfants, vous ferez mieux que nous. » Enfin, le 29 juin, à la Béchellerie, il avait encore reçu à sa table ses amis, les Caillaux, les Victor Margueritte, Mme Gabriel Voisin, Georges Pioch, nous-mêmes. Mais au mois d'août il dut s'aliter. Et ses propos, ses dispositions en témoignaient : il avait le sentiment qu'il ne se relèverait plus.

A mon arrivée, on se préoccupait d'avertir sa femme de la gravité de son état. Elle ne le soupçonnait pas. Elle croyait fermement qu'il deviendrait centenaire. Elevée en Amérique, elle était, lorsqu'il l'avait connue, jeune, diligente, avertie des choses d'art. Elle avait été d'abord sa gouvernante. Il s'était d'autant plus attaché à elle qu'il l'avait sauvée de deux graves maladies. Beaucoup plus âgé qu'elle, il avait voulu assurer son avenir. Mais les lois fiscales ne lui auraient guère permis de tester en sa faveur, si elle lui était restée étrangère. Puis il craignait pour elle d'anciennes vindictes. Bref, pour la protéger après lui, il avait résolu de l'épouser. Et quelle suprême occasion de faire plaisir ! « C'est une des plus grandes joies de ma vie, disait-il, de lui avoir donné cette joie. » Ils étaient mariés depuis quatre ans.

Le lundi 6 octobre, un journal du matin annonça qu'Anatole France entrait en agonie. Un flot de dépêches déferla sur la Béchellerie. En particulier celles d'Edouard Herriot, d'Annunzio, de Maurras. Des personnages officiels téléphonaient de Paris. Des étrangers en auto, des délégations professionnelles, politiques, venaient aux nouvelles. Un professeur du Lycée de Tours invita ses élèves « à se recueillir, à pleurer le grand homme dont la dernière heure était venue ». Et sur la foi de cette fausse information, son vieil ami Léopold Kahn accourut, bien qu'il fût lui-même menacé d'angine de poitrine.

Trois des amis d'Anatole France se trouvaient ainsi réunis à la Béchellerie : Léopold Kahn, François Crucy et moi. D'autres auraient eu les mêmes titres à rendre les mêmes services. Mais, plus pris par leurs occupations, ils ne pouvaient venir qu'entre deux trains ou deux raids d'auto. Dans notre commune affection pour Anatole France et les siens, nous devions donc nous efforcer tous trois d'épargner de pénibles décisions matérielles à sa compagne, stupéfiée de chagrin, et aux seize ans de son petit-fils...

A la vérité, l'état d'Anatole France ne changeait pas. Il somnolait. Dans un de ses courts réveils, il dit à ses deux médecins : « Donnez-moi une bonne petite chose pour que je m'en aille. » Ils lui expliquèrent que c'était impossible. Alors il soupira : « Encore un préjugé. »

Beaucoup d'inconnus suggéraient par lettres des traitements dont ils avaient éprouvé le bienfait. L'un vantait un certain diurétique à haute dose. Un médecin nantais nous suppliait d'essayer le sérum Quinton, c'est-à-dire l'eau de mer. D'autres proposaient une cure morale. Un homme s'offrit même, par admiration pour Anatole France, à la transfusion du sang... Une seule fausse note, dans cet émouvant concert. Un dévot anonyme écrivit : « Anatole France, ton heure approche : crains Dieu. » Mais il est juste de constater ici qu'aucun représentant d'aucune religion ne tenta de pénétrer jusqu'à lui, avant ou après sa fin.

De grands spécialistes du reportage, groupés dans deux hôtels de Tours, montaient plusieurs fois par jour à la Béchellerie. Des photographes, des opérateurs de cinéma, attendaient, assis à l'entrée sur les sacs qui renfermaient leurs appareils. Des représentants d'agences d'information, afin de connaître au plus vite « l'issue », tâchaient de s'entendre avec le personnel. Interviewés, les domestiques étaient fort émus de figurer dans les journaux, les uns flattés, les autres déçus du portrait qu'on avait tracé d'eux.

La semaine s'acheva. Le dimanche 12 octobre, beaucoup de Tourangeaux prirent la Béchellerie comme but de promenade. Leur attitude était discrète, recueillie. Tout l'après-midi, des groupes nombreux stationnèrent au flanc d'un coteau qui domine de loin la maison. Même, les petites filles d'un pensionnat jouaient là, innocemment. Il avait fait, pendant cette semaine d'automne, un temps d'été. Des jours éblouissants, des nuits limpides. Un soir, la lune, au ras du toit de la Béchellerie, était apparue au centre d'un halo qui l'entourait à une prodigieuse distance et qui semblait vraiment une auréole autour de la maison.

Anatole France achevait de s'y éteindre. Un matin, il avait dit aux deux docteurs, en souriant : « C'est mon dernier jour. » Ils protestèrent. Il ajouta : « En tout cas, vous ne le nierez pas longtemps. » Il attendait toujours la délivrance. Il soupirait : « La mort, c'est bien long. » Dans les convulsions douloureuses, il appela à plusieurs reprises : « Maman. » Le dimanche, dans son dernier instant lucide, il dit à sa femme, d'un ton de triste douceur :

« Je ne te verrai plus. »

Vers huit heures du soir, le pouls marqua des arrêts, les mains se violacèrent. L'infirmier, qui le soignait avec le plus tendre dévouement, appréhendait pour lui qu'il ne souffrît une nuit encore. Mais, à onze heures vingt-cinq, il cessa de vivre.

Mme Gabriel Voisin, Mme Kahn, ma femme, entouraient Mme France. Depuis un mois, elle n'avait pour ainsi dire pas quitté le chevet de son mari. Elles la décidèrent à prendre du repos.

Il avait été convenu que les amis d'Anatole France, présents à la Béchellerie, veilleraient successivement dans la chambre mortuaire. Je m'étais incliné. Vers une heure et demie du matin, l'infirmier et l'infirmière m'avertirent que je pouvais entrer. Deux ampoules électriques éclairaient assez vivement la pièce. Le corps était presque assis, simplement revêtu d'une chemise blanche. La mentonnière qui passait sous la barbe et qu'on devait enlever le lendemain était renforcée, ô ironie, d'un livre. Les mains étaient allongées, ses belles mains, d'une immobilité si totale, irritante. Le masque était d'un vieillard extrêmement sévère et douloureux, au grand nez mince et courbe. Les orbites et les joues étaient très creuses et très sombres. Oh! Non, ce n'était pas M. France, qui vivait par ses yeux riants...

Dès le lendemain, il fallut s'occuper de ces pénibles détails que j'ai promis d'enregistrer. Les obsèques devaient avoir lieu aux frais de l'Etat. Le ministre de l'Intérieur, M. Chautemps, était venu l'annoncer à la Béchellerie. (Le Parlement, en vacances, n'avait pas pu voter des funérailles nationales.) Ici, il convient de remarquer que, quand l'Etat se charge des funérailles, il se charge de tout. C'est lui qui fixe la date, l'emplacement, les moindres rites de la cérémonie. Par un tacite consentement, il se substitue à la famille, à l'entourage, qui n'interviennent plus que pour de menues retouches.

Nous allâmes d'abord, Crucy et moi, déclarer le décès à la mairie de Saint-Cyr-sur-Loire. Le vieux secrétaire, qui avait dressé l'acte de mariage, rédigea l'acte de décès. Comme témoin, je signais l'un et l'autre, à quatre ans d'intervalle, date pour date, à un jour près.

Anatole France à sa table de travail, à la Béchellerie.

Photographie prise par M. Delaporte en 1923.

A notre retour à la Béchellerie, un greffier et ses acolytes posaient les scellés, à la requête du grand-père paternel du jeune Lucien. Cette cérémonie, qui dura trois heures, nous parut interminable. A l'étage même de la chambre mortuaire, ces hommes fouillèrent les armoires, les lits, les tiroirs, les papiers. Ils avaient mission de rechercher des valeurs.

Le mardi 14 au matin, le corps fut embaumé par injection intra-veineuse. On nous avait formellement certifié que les procédés modernes assuraient une conservation de plusieurs centaines d'années.

Un sculpteur prit un moulage du masque et de la main. Un photographe prit un cliché du lit mortuaire. Il était absolument entendu que ces différentes effigies resteraient hors commerce. Beaucoup plus tard, j'appris qu'un dessinateur, se glissant par surprise, avait fait une esquisse qui fut publiée. J'en fus très affecté, car nous avions dû repousser des demandes d'artistes notoires, comme François Cogné.

Un notaire vint donner lecture d'un testament d'avril 1923, qui révoquait les précédents et qui ne contenait aucune indication relative aux funérailles.

Dans la soirée, on nous demanda le libellé de l'inscription à graver sur la plaque de cuivre fixée au cercueil. Pour Crucy et moi, la plus belle était la plus simple : « Anatole France, 1844-1924. » Léopold Kahn dit qu'il était d'usage de mettre : « De l'Académie française. » Mais notre avis l'emporta.

Nous avions eu à régler un point plus délicat. Puisqu'on avait conservé le cerveau des grands hommes comme Victor Hugo, Gambetta, nous étions tombés d'accord que nous n'avions pas le droit de laisser périr celui d'Anatole France. Mais, afin d'éviter qu'il ne devînt un objet de curiosité dans une vitrine de musée ou de laboratoire, il fut convenu que, spécialement préparé, enfermé dans un coffret de métal, il serait replacé dans le cercueil même. On l'y retrouverait, le cas échéant, intact. Il fut également entendu que les résultats de l'examen qu'on pourrait en faire au cours de cette préparation seraient gardés secrets, jusqu'à ce que la famille en autorisât la publication.

Le mercredi 15, nous signâmes donc tous trois l'enveloppe qui contenait le procès-verbal d'authenticité. Elle fut scellée sur le coffret, au cachet de la Faculté. La mise au cercueil suivit aussitôt et fut terminée à six heures du soir.

Depuis le matin jusqu'à ce moment, la foule avait défilé, continue, pieuse, dans la chambre mortuaire. Des visiteurs s'étaient même présentés dès l'aube. Beaucoup apportaient des fleurs. Beaucoup aussi, en quittant la Béchellerie, cueillaient en souvenir une feuille d'arbuste.

Le jeudi 16, dès six heures et demie du matin, dans un épais brouillard, le lourd cercueil, à quadruple enveloppe, fut chargé dans le fourgon automobile qui devait l'emmener à Paris. Lugubre départ, dont on avait même épargné le spectacle à la veuve et au petit-fils d'Anatole France.

Puisque je me suis contraint à donner ces détails, j'ajoute que les conducteurs du four-

gon s'arrêtèrent en cours de route, à Anger-
ville, pour prendre leur repas. L'infirmier qui
les accompagnait, pourtant si dévoué, si tendre,
m'avoua naïvement qu'ils avaient rangé le
fourgon dans une grange. Un des hommes qui
ont le plus vénéré Anatole France et à qui je
rapportais ce trait me dit qu'Anatole France
en aurait souri tout le premier.

Je passerai vite sur les cérémonies de Paris,
qui sont plus connues. Le vendredi 17, la foule
fut admise, dès 11 heures du matin, à défiler
devant le catafalque dressé dans le grand salon
du rez-de-chaussée. En sortant, dans la villa
Saïd, beaucoup de femmes, des admiratrices
inconnues, pleuraient.

Le Président de la République, qui se présenta à deux heures trente, fut reçu pendant
quelques instants par la famille, dans le salon-
bureau du premier étage.

Le samedi 18, jour des funérailles, M. Caillaux, à qui le séjour à Paris était encore interdit à cette époque, mais qui avait obtenu l'autorisation d'assister aux obsèques, arriva villa
Saïd à une heure.

Edouard Herriot, qui était alors président du Conseil, vint chercher la veuve d'Anatole France villa Saïd et la conduisit jusqu'aux tribunes élevées quai Malaquais pour la cérémonie.

Quant aux funérailles mêmes, je me borne à rappeler que les rites en avaient été fixés dans leurs moindres détails par le Gouvernement. Pour ma part, je trouvai juste et touchant que la solennité se déroulât sur ce quai de la Seine où Anatole France était né, où il s'était plu si longtemps, qu'il avait célébré en tant de pages, et dont une partie devrait aujourd'hui porter son nom.

Le cortège monta les Champs-Elysées. Dans la foule silencieuse qui se pressait sur les bords de la chaussée, il y avait bien de la curiosité. Mais il y avait aussi de la gratitude. Il avait enchanté les uns, il avait défendu les autres. Beaucoup, je le sais, étaient venus en répétant, comme les ouvriers qui travaillaient pour lui : « Il est des nôtres. » On sentait l'hommage populaire. Au contraire, les somptueuses demeures boudaient, fenêtres closes.

Il faisait nuit quand le cortège parvint à Neuilly. Au moment de pénétrer dans le cimetière, pour une cause que j'ignore, l'énorme char recula, irrésistiblement. J'entraînai vite le petit-fils d'Anatole France, qui se trouvait juste contre les roues. Une seconde après, l'arrière de la lourde voiture heurtait le mur opposé à la porte, de l'autre côté de la rue. On voit encore aujourd'hui les traces profondes du choc.

Dans ses conversations avec sa femme, Anatole France avait toujours marqué une sorte de répugnance pour le cimetière de Saint-Cyr-sur-Loire, dont le sous-sol, disait-il, était souvent noyé. Il avait indiqué lui-même cette sépulture du cimetière de Neuilly, où ses parents étaient ensevelis. C'est donc là que ses restes reposent. Provisoirement, à mon sens, puisque la Patrie reconnaissante a dédié un temple aux cendres de ses grands hommes.

TABLE DES CHAPITRES

*Ce dessin reproduit la girouette de la bibliothèque
à La Béchellerie.*

ILLUSTRATIONS HORS TEXTE

6319-28. — Tours, Imprimerie ARRAULT et Cⁱᵉ.

Prix : 20 francs